DANIELA ALBUQUERQUE

Dani e Elas

GRAVIDEZ E MATERNIDADE PARA A MULHER MODERNA

São Paulo
2019

© 2019 by Universo dos Livros

Todos os direitos reservados e protegidos pela Lei 9.610 de 19/02/1998.
Nenhuma parte deste livro, sem autorização prévia por escrito da editora, poderá
ser reproduzida ou transmitida sejam quais forem os meios empregados: eletrônicos,
mecânicos, fotográficos, gravação ou quaisquer outros.

DIRETOR EDITORIAL: Luis Matos
GERENTE EDITORIAL: Marcia Batista
ASSISTENTES EDITORIAIS: Letícia Nakamura e Raquel F. Abranches
PREPARAÇÃO: Marina Constantino
REVISÃO: Mariane Genaro e Guilherme Summa
CAPA E PROJETO GRÁFICO: Valdinei Gomes
CRÉDITO DAS FOTOS: Andrea Dallevo,
Daniela Margotto, Leandro Dias e Tiago Ornellas

Dados Internacionais de Catalogação na Publicação (CIP)
Angélica Ilacqua CRB-8/7057

A298d
    Albuquerque, Daniela
    Dani e elas - gravidez e maternidade para a mulher
    moderna/Daniela Albuquerque.
    São Paulo : Universo dos Livros, 2019.
    160 p.: il.

    ISBN: 978-85-503-0422-9

    1. Maternidade 2. Gravidez
    3. Albuquerque, Daniela - Biografia I. Título

19-0724   CDD 306.8743

Universo dos Livros Editora Ltda.
Rua do Bosque, 1589 – Bloco 2 – Conj. 603/606
CEP 01136-001 – Barra Funda – São Paulo/SP
Telefone/Fax: (11) 3392-3336
www.universodoslivros.com.br
e-mail: editor@universodoslivros.com.br
Siga-nos no Twitter: @univdoslivros

Sumário

- O pé de manga-espada 6
- **Eu, Daniela Albuquerque** 10
- **My love** 17
- **Alice e Antonella, razões da minha vida** 23
- **Mensagem especial – by Amilcare Dallevo Junior** 33
- **Maternidade mês a mês** 34
  - 1º mês 36
  - 2º mês 44
  - 3º mês 50
  - 4º mês 56
  - 5º mês 64
  - 6º mês 72

7º mês **80**
8º mês **88**
9º mês **96**

Amamentação **114**

Papo de especialista **122**
   O olhar da obstetra – Dra. Cristina Miti Nishimura **123**
   Dicas de alimentação para as mães – Dra. Claudia Marin **132**
   Como montar o enxoval – Priscila Goldenberg **150**

A aventura está apenas começando **156**

O *pé* de *manga-espada*

Guardo lembranças maravilhosas da casa da minha avó Donaria. Lá havia um pé de manga-espada, o mais bonito e robusto da cidade de Dourados. Na minha memória, ele ficava carregado o ano todo. Parece que ainda consigo sentir o cheirinho das mangas caídas no quintal e ouvir o barulho que minha avó fazia ao varrer todas as folhas. Dá para acreditar que as frutas eram devoradas até quando estavam verdes? Comíamos com sal. Era um azedinho que saciava nossa vontade. Lembro-me de que a molecada que morava nas redondezas disputava os frutos da árvore, que minha avó até liberava para a vizinhança, mas com uma condição: que as crianças catassem todas as folhas caídas e deixassem o quintal limpinho. Debaixo daquele pé de manga-espada ficava uma carriola enferrujada, desgastada pelo sol e pela chuva. Essa carriola era a diversão da garotada e também o braço direito da minha avó na limpeza do quintal. Lá colocávamos as folhinhas que voavam até o chão rumo a um destino certo: os sacos, que as crianças aproveitavam para apostar corridas. Cada um de nós vivia uma aventura naquela imensidão de quintal.

> **PARECE QUE AINDA CONSIGO SENTIR O CHEIRINHO DAS MANGAS CAÍDAS NO QUINTAL E OUVIR O BARULHO QUE MINHA AVÓ FAZIA AO VARRER TODAS AS FOLHAS.**

Foi na casa da minha avó que aprendi a tirar água do poço. Gostava de me debruçar em direção ao fundo para ver o meu reflexo. Dava um friozinho na barriga pensar que podia cair lá dentro, mas quando colocava água fresca com leve gosto de barro na minha canequinha de alumínio, todo o temor desaparecia. Na casa dela também aprendi que

se podia fazer sabão da banha do porco. Achava estranho como aquilo era possível. Via minha avó mexer o sabão em uma lata de tinta no fogão à lenha e sabia que, mais tarde, minha irmã Adriana o usaria para tirar o barro dos meus pés. Era também com ele que dona Donaria lavava a roupa no batedor. Ela deixava a roupa quarar ao sol em uma enorme bacia de latão. As peças ficavam com aquele branco-azulado típico do anil, que era envolto num pedacinho de pano para não manchar os tecidos. Hoje percebo a influência fundamental desses ensinamentos da minha avó na minha maneira de cuidar da casa. O valor de um trabalho bem-feito é eterno, e é essa a herança familiar que desejo transmitir às minhas filhas.

Há outras memórias do passado que guardo com carinho. Quando minha avó fazia pão caseiro e contava com o auxílio dos netos, aquele que ajudava mais ganhava a maior mão. Foi assim que conquistei, muito feliz, meu primeiro pãozinho em formato de mão. Na casa da avó Donaria também aprendi a passar o escovão no piso. Ainda sinto o cheiro da cera vermelha que a gente usava e imagino meus joelhos borrados de tinta. Essas lembranças estão tão presentes na minha vida

> **HOJE PERCEBO A INFLUÊNCIA FUNDAMENTAL DESSES ENSINAMENTOS DA MINHA AVÓ NA MINHA MANEIRA DE CUIDAR DA CASA. O VALOR DE UM TRABALHO BEM-FEITO É ETERNO, E É ESSA A HERANÇA FAMILIAR QUE DESEJO TRANSMITIR ÀS MINHAS FILHAS.**

que não vejo uma separação do antes e do agora, mas uma continuidade que começa no terreiro da casa da minha avó e vai até o meu lar atual. Aqui em casa, plantamos um pé de manga-espada. Ele ainda é pequeno em comparação ao de dona Donaria, mas se o regarmos com amor e aquilo que há de mais verdadeiro em nós, ele ficará forte como aquele da minha memória. O pé de manga do presente já faz parte da nossa família e irá crescer junto com as minhas filhas.

Durante as minhas gestações, pude me lambuzar das mangas como antigamente, sentindo a minha nova infância se misturando à minha velha infância, que nunca deixei morrer dentro de mim. Ela se faz presente como sempre.

Que saudade!

Eu, Daniela Albuquerque

Nasci no dia 22 de julho de 1982 em Dourados, Mato Grosso do Sul, mas passei minha adolescência em Nova Andradina, outra cidade do mesmo estado, onde iniciei a carreira de modelo. Aos catorze anos, desfilava para as lojas recebendo roupas como pagamento enquanto participava de concursos de beleza. Uma das minhas vitórias mais especiais foi a do Dakota Elite Model Look, em Campo Grande. Naquela época, havia 180 concorrentes que precisavam passar por várias etapas. Na primeira delas, restaram apenas quarenta garotas. No estágio seguinte, somente dez foram selecionadas. Imagine a minha alegria ao saber que eu estava entre elas. Esse evento significativo me introduziu ao mundo da moda e me deu destaque nas colunas sociais dos jornais da região. Era a realização de um sonho de menina que abria um mundo de novas possibilidades.

A cidade onde morava era pequena e não oferecia muitas chances para começar uma carreira como modelo. Embora precisasse trabalhar para ajudar em casa, era ainda muito jovem para viver longe dos meus familiares. Assim, continuei com minhas outras atividades, como babá e camelô, para aumentar a renda da família e ficar por perto. O desejo de ir para a cidade grande e arriscar o trabalho de modelo permanecia dentro de mim, mas trabalhava na minha cidade com alegria e gosto. Ia sozinha ao Paraguai fazer compras para revender como camelô. Sempre fui destemida e confiava que tudo ia dar certo.

Mais tarde, atuei no ramo de seguros e em um escritório de advocacia. Depois ainda fui gerente de uma loja de bolsas, promotora de vendas e vendedora de sapatos. A venda de sapatos era especialmente lucrativa: ganhava mais de 200% sobre um par; me deslocava de moto para agilizar as cobranças e ganhar tempo rumo ao próximo cliente. Nunca fugi do trabalho. Sabia da minha responsabilidade dentro de casa como a filha do meio de três irmãos criados por uma mãe viúva. Meu pai morreu quando eu tinha apenas cinco anos de idade, cinco dias antes do meu aniversário. Tenho poucas recordações dele além da que era um bom pai. Sei que gostava de comer melancia com colher e dava dinheiro para os filhos comprarem doce no boliche. Sua presença impunha segurança, respeito e força. Queria poder voltar no tempo e impedir sua morte, pois sua ausência mudou a vida da minha família para sempre. Porém, ao mesmo tempo, essa perda só fez aumentar minha fé em Deus, dando-me mais vontade de seguir em frente sem deixar a peteca cair. É com esse pensamento que ensino minhas filhas a rezarem e acreditarem em Deus, pois só assim nos tornamos fortes e unidos.

Se de um lado sofria com a ausência paterna, de outro continuava na luta do dia a dia ao lado da minha mãe, que sempre me incentivou a trabalhar e a não desistir dos meus sonhos. Foi com seu apoio que, por fim, fui para a cidade grande. Quando cheguei a São Paulo, a minha ideia era fazer a faculdade de jornalismo e me encontrar de alguma forma dentro dessa área enquanto trabalhava como modelo. Inicialmente, as matérias do curso que mais me chamaram a atenção foram Fotografia, História da Arte e Cinema.

Minha carreira na televisão se iniciou na RedeTV!. Comecei com um estágio na produção do programa *Bom Dia, Mulher*. Eu fazia reportagens de rua, as imagens do programa e a edição. Depois de um tempo, a então supervisora artística da atração, Mônica Pimentel, me convidou para fazer o *Dr. Hollywood*. Foi então que me tornei apresentadora e, para minha felicidade, líder de audiência.

Com o objetivo de auxiliar a minha carreira televisiva e aprimorar minhas atuações, ingressei no curso de teatro da Escola Superior de Artes Célia Helena. Lá, encenava e atuava com frequência. Entre as peças mais importantes em que estive envolvida, recordo especialmente de *Desejo*, adaptação da famosa obra *Um bonde chamado Desejo*, de Tennessee Williams. O teatro ajudava no meu trabalho à frente do programa *Dr. Hollywood*, apresentado também pelo Dr. Rey. Este médico tem uma história de vida impressionante. Veio de uma família humilde e formou-se em Harvard. Foi um prazer e um aprendizado tê-lo como companheiro de trabalho. Tempos depois, aproveitei a popularidade do programa para fazer uma linha de produtos com a marca *Dr. Hollywood*. Com o sucesso dessa ideia, lancei também a linha Ares de perfumes e sabonetes. Como nessa época estava grávida da Alice e me sentia mais sintonizada com os itens ligados ao banho, concentrei minha marca nesse segmento e lhe dei um toque especial ao personalizar os produtos de acordo com as estações do ano.

> **SEMPRE ADOREI ESSA VIDA CORRIDA; QUANDO A GENTE TEM PRAZER EM TRABALHAR, SENTE FALTA QUANDO O DIA A DIA NÃO ESTÁ NAQUELE RITMO INSANO.**

Por conta do sucesso do *Dr. Hollywood*, recebi o convite para integrar a atração *Manhã Maior*. Com o aprendizado conquistado nesse período, assumi em 2013 o programa *Sob Medida* e, mais tarde, o *Sensacional*. Sempre adorei essa vida corrida; quando a gente tem prazer em trabalhar, sente falta quando o dia a dia não está naquele ritmo insano.

Quando não estou gravando, aproveito muito a natureza. Ando de bicicleta com minhas filhas, cuido do jardim, organizo a casa e faço

uma faxina de vez em quando para me sentir relaxada. Gosto de ir à praia e praticar wakeboard, mas também adoro aquele programinha familiar, sabe? Também gosto de fazer um jantar à luz de velas e de tomar um vinho de vez em quando. Na cozinha, gosto de preparar bolo com banana, aveia, maçã, canela e açúcar mascavo. Imagine o cheiro! É sucesso de público aqui em casa.

Meu lazer também é assistir a séries e filmes. Gosto sobretudo daqueles com atmosfera futurista. Também adoro narrativas com pegada histórica, como as que se passam durante a Segunda Guerra Mundial, além de obras baseadas em fatos reais e de suspense. Em relação à música, considero-me eclética. Minha *playlist* tem desde modas de viola, que fazem parte da minha infância, até rock, música clássica e ópera, que ouço de acordo com meu estado de espírito. Confesso que na prática musical sou um desastre, mas sonho em ver minhas filhas tocando piano e violão. Por ora, elas fazem balé, o que me deixa muito feliz. Quando pequena, sonhava em me tornar bailarina, mas não tinha condições. Assim, dar a elas essa oportunidade é um afago à minha alma.

Quanto à culinária, tenho predileção pela comida regional da minha terra. Amo a rabada com mandioca da minha mãe. Só de pensar, fico com água na boca. Mas também adoro experimentar pratos de outros lugares; um dos meus favoritos é o espaguete ao vôngole — um tipo de molusco comestível —, que aprendi a comer em São Paulo.

Algo que também aprecio muito é a tietagem dos meus fãs. Adoro receber o carinho das pessoas. Quando termino de gravar o programa, faço questão de tirar fotos e estar à disposição do público. É em respeito a esse carinho dos fãs que nos últimos meses estive focada na escrita deste livro. Mais para a frente, penso em retomar a

carreira de atriz e fazer um filme. Por ora, sigo com a prioridade de cuidar da minha família. Com foco no convívio familiar, vou curtindo um pouco mais o descanso e as viagens. Tenho vontade de conhecer Fernando de Noronha e o Japão. Já entre os países que mais gostei de visitar estão Portugal, Itália e França. Mas o Brasil não fica de fora, viu? Mesmo com as dificuldades que passa neste momento, é um lugar maravilhoso. Rezo todos os dias por um futuro melhor em que nosso país possa se reerguer.

Entre os valores que mais admiro está a honestidade. Para chegar a qualquer lugar é necessário ser honesto. Considero-me uma pessoa muito justa; não importa se é minha mãe, filha ou qualquer outro parente, quando penso que a pessoa está dizendo ou fazendo algo errado, eu digo sem rodeios. Se mais pessoas assumissem a mesma postura, nossa realidade seria outra. Esta ética deveria estar presente em todos os nossos atos: não jogar lixo na rua, não ouvir música em um volume alto e tratar bem os animais. Sempre que posso, por exemplo, tiro os cães das ruas e adoto alguns deles.

Também não tenho gosto pela mentira. Isso é algo que me irrita muito. Prefiro uma verdade dolorida a uma mentira indolor, pois sou uma pessoa muito sensível nesse aspecto. Meu astrólogo até diz que

uma pessoa que só pensa em mentir para mim já fica encrencada, pois consigo colocá-la contra a parede. Já em relação às manias, tenho várias. Não gosto de ver nada fora do lugar; se vejo, vou logo organizando, o que considero ser uma espécie de obsessão. Também não

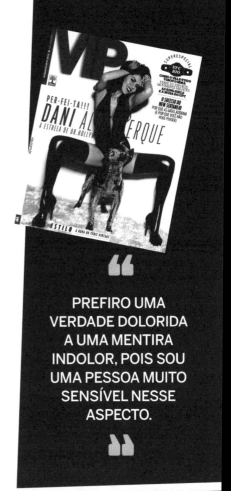

consigo ver um par de tênis com os cadarços amarrados, acho que amarra a vida. Se vejo os sapatos do meu marido assim, vou lá e desamarro. Outra mania engraçada é a de contar placas na rua, como as de carro. Fico fazendo as contas para ver se dá par ou ímpar. Confessa, vai: você também tem algum costume esquisito.

Um astrólogo me disse certa vez que nasci num dia bom e tenho uma estrela de artista. Ele falou que nada me faltará na vida. Acredito nisso, porque desde a minha infância nada me faltou, mesmo nos momentos com menos estabilidade financeira.

Sobre os meus maiores sonhos, gostaria muito de entrevistar o papa Francisco. Seria uma realização profissional e pessoal; ele abençoou minha filha Alice quando ela nasceu e agora gostaria que fizesse o mesmo com Antonella.

Entre as coisas que me fazem rir está o jeito de falar do interior. Quando encontro minha irmã ou minhas amigas de infância, divirto-me com o jeito de falar delas enquanto elas tiram sarro do meu sotaque paulistano. Mas o que realmente me enche de alegria é a fala das minhas filhas. Eu gravo tudo o que elas dizem. O jeito como se expressam me faz sorrir de orelha a orelha. Posso então dizer, com toda a convicção e as graças de Deus, que meus sonhos se realizaram nas minhas filhas.

Família é tudo nessa vida, minha gente.

> **PREFIRO UMA VERDADE DOLORIDA A UMA MENTIRA INDOLOR, POIS SOU UMA PESSOA MUITO SENSÍVEL NESSE ASPECTO.**

15

My love

Se tem uma coisa que a vida me ensinou é que não importa quantas voltas a gente dê, sempre topamos com nosso destino. É assim que posso definir meu encontro com Amilcare Dallevo Junior.

Conheci Amilcare no dia 2 de outubro de 2004, quando tinha 22 anos. Estava almoçando em um restaurante em São Paulo com amigos quando ele chegou e se reuniu a um grupo de cerca de dez pessoas. Logo começamos a conversar e a sentir uma cumplicidade muito forte. Ele me contou que era o idealizador de promoções de 0900 na tevê. Lembro-me de dizer para ele como o mundo era pequeno, já que havia ganhado um carro de um programa desses quando tinha catorze anos. Pois imagine nossa surpresa ao descobrir que Amilcare era justamente o idealizador da atração em que fui premiada! No decorrer do almoço, descobrimos mais uma coincidência quando ele me contou que era da RedeTV!, pois eu já havia trabalhado na emissora na época em que era modelo. Nada é por acaso na vida da gente, não é? Depois do papo maravilhoso que tivemos, trocamos telefones e naquele mesmo dia recebi seu convite para um jantar.

Nosso encontro foi maravilhoso e, depois disso, ele começou a me ligar todos os dias. Ficávamos mais de duas horas conversando ao telefone. Ele chegou até a me levar num restaurante japonês — eu amo e ele sempre detestou. Fomos umas três vezes em catorze anos juntos. Até brinco com ele que no início, quando queria me conquistar, ele se esforçava mais. Até que um dia combinamos de almoçar e ele pediu para eu encontrá-lo no escritório. Na época eu morava no bairro do Brooklin e o escritório dele ficava na avenida Presidente Juscelino Kubitschek. Quando cheguei e perguntei onde iríamos almoçar ele respondeu: "Em Ilhabela"! Eu respondi que não poderia, pois era muito longe e eu tinha um compromisso naquele dia. Ele insistiu dizendo que seria rápido, pois iríamos de helicóptero e eu não podia perder o tal do camarão na moranga que ele sempre comentava.

Contar esse episódio hoje é até engraçado, mas no dia fiquei assustadíssima porque assim que entramos no helicóptero o piloto deu lugar ao Amilcare. Para me tranquilizar, ele comentou que estava tudo bem e que tinha acabado de tirar a licença para pilotar. Imagine a situação. Eu nunca tinha entrado em um helicóptero e me deparo com essa saia justa. No meio do caminho ele me tranquilizou dizendo que estava brincando e que já tinha licença para voar havia anos — tendo, inclusive, trazido um helicóptero dos Estados Unidos para o Brasil.

OBVIAMENTE CHEGAMOS BEM E EU ME ENCANTEI COM O ROMANTISMO DELE DURANTE TODO O ALMOÇO. ELE PENSOU NOS MÍNIMOS DETALHES PARA ME AGRADAR. FOI UMA DELÍCIA.

Obviamente chegamos bem e eu me encantei com o romantismo dele durante todo o almoço. Ele pensou nos mínimos detalhes para me agradar. Foi uma delícia. Como bebemos muito vinho, acabamos ficando em Ilhabela mesmo. Eu tinha viajado apenas com a roupa do corpo, mas o Amilcare já tinha planejado tudo e até escova de dente tinha reservado para mim. Tem uma lábia esse meu marido, me conquistou com jeitinho... Ele realmente queria me fisgar e conseguiu. Dez dias mais tarde, Amilcare me apresentou aos seus três filhos. Esse foi o início de nossa história de amor escrita há muito tempo em nossos destinos.

Não vou mentir que no começo ouvi coisas grotescas a respeito de meu relacionamento, envolvendo até mesmo minha dignidade. Acusavam-me de ser destruidora de lares, quando na verdade conheci meu marido muito tempo depois de sua separação e fui desde o começo amiga de Faa Morena, por quem tenho um carinho imenso. Nunca deixei as mentiras me atingirem, pois minha honestidade é inabalável.

DANI E ELAS

Dou muito valor à família que construí com Amilcare, e nossa felicidade é blindada contra qualquer maldade que possam nos desejar. Meu amor, ou My love, como gosto de chamá-lo, sempre esteve ao meu lado em todos os momentos que precisei e se mostra cada dia o melhor pai para nossas filhas. Serei eternamente grata por seu companheirismo, sua confiança e seu amor.

Nossa união vai além da sentimental. Quando decidimos cursar jornalismo pela demanda da televisão, estudamos na mesma sala. Não era a primeira graduação dele; Amilcare já havia se formado em Engenharia na Escola Politécnica da Universidade de São Paulo. Queríamos, porém, seguir o exemplo de Roberto Marinho, que era jornalista de formação e dono de uma emissora. Apoiamos muito um ao outro nessa fase de aprendizagem, o que fortaleceu ainda mais nossa relação. Mais do que marido e mulher, nos sentimos hoje parceiros preocupados em dar nosso melhor para o canal ao qual nos dedicamos.

Também sou agradecida ao Amilcare por ter me possibilitado

conhecer Hebe Camargo, uma das pessoas mais importantes que já passaram pela minha vida. Não tenho palavras para expressar quanto sua amizade significou para mim, a ponto de ser uma das primeiras pessoas a quem revelei que estava grávida da Alice. Esse dia foi muito especial; lembro que estávamos em um show do Andrea Bocelli em Minas Gerais quando me veio a vontade de revelar a ela minha gravidez. Mal comecei a falar e ela rapidamente ligou os pontos. Engraçado como ainda rio quando me lembro disso. Ela simplesmente leu a informação nos meus olhos. Algum tempo depois, Hebe mandou fazer uma roupa rosa para a minha filhinha e me entregou com um carinho de mãe que me emociona até hoje.

> **HEBE SEMPRE ESTEVE PRESENTE EM MINHA VIDA. ELA COSTUMAVA PASSAR O FIM DE SEMANA EM CASA E CHEGOU ATÉ A VIAJAR PARA MIAMI EM UM DOS MEUS ANIVERSÁRIOS.**

Hebe sempre esteve presente em minha vida. Ela costumava passar o fim de semana em casa e chegou até a viajar para Miami em um dos meus aniversários. Eu a convidei já ciente de que ela provavelmente não iria, então imagine minha comoção quando a vi na festa com o jeitinho maravilhoso que só ela tinha. Até viajávamos juntas, e ela sempre fazia questão que eu sentasse ao lado dela. Era uma relação muito gostosa e guardo apenas recordações felizes daquela época.

Agora que escrevo, outra lembrança gostosa me veio à cabeça. Certo dia, Hebe estava gravando um DVD e tinha um jantar marcado para aquela noite. Como iria gravar muito cedo na manhã seguinte, tentei sair daquele compromisso à francesa. Porém, ao sentir minha ausência, Hebe ligou para saber onde eu estava. Não pensei duas vezes; mesmo sabendo que ficaria cansada no dia seguinte, não podia recusar o chamado daquela grande mulher. Me diverti muito naquele jantar, guardando na memória outro momento precioso com nossa rainha.

Sinto muita falta dela. Gostaria que estivesse aqui, mas sei que está num lugar maravilhoso torcendo pela gente. Ela foi para mim mais que uma amiga; foi uma segunda mãe e uma inspiração. Se não fosse por Amilcare, não sei se teria tido a oportunidade de compartilhar com ela esses momentos tão felizes. Esta é apenas uma das milhões de razões que tornam My love meu bem mais raro. Só peço a Deus que sempre abençoe nossa união para que possa, pelo resto da minha vida, ser feliz junto a ele e nossas mais belas criações: Alice e Antonella.

Alice e Antonella, *Razões da minha vida*

Ser mãe foi a maior bênção que já recebi na vida. Achava improvável uma pessoa ser capaz de amar tanto até que dei à luz pela primeira vez. É um sentimento que não se descreve, apenas se vive. Agora mesmo, enquanto escrevo, vejo Alice e Antonella brincando à minha frente e me pergunto se elas sabem o quanto são amadas. Acho que toda mãe sente essa insegurança. Por isso sempre as inundo com meu amor e as protejo a todo custo. Às vezes, porém, não há como impedi-las de perceber que nem tudo são flores. Nossos filhos devem saber desde pequenos que a vida é feita de perdas e ganhos, e cabe a nós educá-los para entender que essas perdas nos ensinam a dar mais valor aos ganhos. É por isso que, antes de falar sobre toda a beleza da maternidade, começo este relato falando sobre uma perda como mãe, pois essa dor me fortaleceu e me fez valorizar ainda mais cada instante ao lado das minhas filhas.

Tive uma gravidez interrompida antes da de Alice. Foi tudo muito rápido. Fiquei muito transtornada na época e não acreditei que aquilo tinha acontecido comigo. Tinha viajado no Carnaval para o Caribe e estava curtindo o início da gestação. Certa noite, enquanto dormia, senti meu coração batendo muito forte. Em seguida, tive pesadelos, como se monstros voassem no quarto do hotel. Tentava me movimentar, mas não conseguia. Parecia que estava congelada, anestesiada. Então, comecei a sentir uma tristeza muito grande e sabia que era minha intuição falando alto. Logo pela manhã, acordei com a notícia de que a secretária do meu marido havia falecido. Desabei em lágrimas, porque ela era uma pessoa muito querida. Enquanto Amilcare me acalmava, eu dizia que havia pressentido a morte dela durante a noite.

Na volta para São Paulo, fomos à missa de sétimo dia da Beatriz. Enquanto estávamos na igreja, foi muito difícil ver toda a dor da família. Naquele momento, o luto dividia espaço com a vida dentro de mim, e aquela contradição me abalou profundamente. No mesmo dia, fiz um exame de ultrassom. Lá, notei que o médico estava frio, e aquela situação me deixou desconfortável. Enquanto o doutor me examinava em silêncio, eu olhava para meu marido com aflição. Quando Amilcare perguntou se estava tudo bem, o médico respondeu que não de maneira seca. Disse que o coração não mais batia. Aquela frieza tornou a situação muito mais triste. Liguei chorando para a minha médica para explicar a situação, e ela me tratou com muito carinho e respeito, dizendo que estava chateada e triste por mim, o que de certa forma me acalentou naquele momento tão difícil.

> **PODE PARECER SUPERSTIÇÃO, MAS É FUNDAMENTAL RESPEITAR O QUE CONSIDERAMOS SER A HORA CERTA DE REVELAR A GESTAÇÃO.**

Esse desgosto me fez entender ainda mais o receio de expor a gravidez durante os primeiros meses. Pode parecer superstição, mas é fundamental respeitar o que consideramos ser a hora certa de revelar a gestação. Pensei muito nisto quando visitei minha médica, que me tranquilizou com suas palavras. Mas não havia tempo para curar as feridas; era preciso iniciar meu tratamento. A doutora me deu duas opções: recorrer à curetagem ou deixar o feto sair naturalmente. Meu desejo foi deixar que tudo ocorresse sem intervenções.

Foi uma espera difícil. Estava grávida de aproximadamente um mês e meio, mas sentia como se estivesse de muito mais tempo. Na terapia, comentei a respeito da imagem que estava em minha mente: a de um filho morto na sala, que não conseguia enterrar. Essa foi a sensação que vivi, como se velasse minha criança o tempo todo. Nas nossas conversas, eu dizia querer me libertar, pois enquanto ela não saísse, a tristeza do meu coração também não iria embora. Dias depois, senti uma cólica quando estava no teatro. Comecei a sangrar no meio do caminho para casa e corri para o banho assim que cheguei. Não sei se foi paranoia minha, mas no banho tive a impressão de ouvir choro de criança. Perguntei à Cris, que trabalha comigo, se ela havia ouvido a mesma coisa. Não. Somente eu vivenciei aquilo. Descobri posteriormente que havia apenas menstruado e que o choro nada mais era que uma fantasia da minha cabeça pelo trauma de perder um filho.

O feto desceu pouco tempo depois. Minha médica disse que fui muito forte por deixar meu organismo agir naturalmente naquela situação. Hoje, quando olho para trás, vejo que amadureci muito desde aquele episódio e passei a enxergar as coisas com outros olhos. Tudo foi como Deus quis. Um Deus misericordioso que me presenteou mais tarde com as duas maiores dádivas da minha vida.

Depois de falar de tanta dor, é bom alegrar o coração relatando como vivi a descoberta e a revelação das gestações da Alice e da Antonella. Antes de saber que estava grávida da minha primeira filha, vi uma foto na qual me achei muito diferente. Havia algo no meu olhar, no jeito, na pele. Um pouco depois, sonhei que amamentava. Quando finalmente descobri a gestação, foi uma alegria só. No entanto, ao mesmo tempo em que transbordava de felicidade, sentia medo pela minha experiência anterior, o que me fez ficar ansiosa quanto à revelação. Nas primeiras semanas, apenas meu marido e seus filhos sabiam. No segundo mês, contei para a minha mãe; somente no terceiro me abri para Hebe, minha grande amiga. Um tempo depois, a notícia vazou em uma revista. Como a notinha era bem pequena, esperava que ninguém tivesse visto. Se ainda assim alguém comentasse o assunto comigo, iria apenas dar um sorriso. Meu plano era entrar em férias coletivas, esperar a barriga crescer nesse meio-tempo e voltar sem ter que anunciar o óbvio. Certa manhã, porém, enquanto apresentava o *Manhã Maior* com a Regina Volpato, decidi que anunciaria minha gravidez. Nesse dia, durante a exibição do quadro "Perdão", sobre a história de uma família, disse que o "quadro seria muito emocionante, ainda mais naquele momento". Quando os demais fizeram aquela carinha de interrogação, confessei que estava esperando uma menina. Todo mundo ficou impressionado e feliz ao mesmo tempo. Finalmente, o mundo sabia da minha querida Alice.

> **A ESCOLHA DO NOME DA ANTONELLA NÃO FOI MENOS MÁGICA. ASSIM COMO A GRAVIDEZ DA ALICE, A GESTAÇÃO DA MINHA SEGUNDA FILHA TAMBÉM FOI BEM PLANEJADA.**

A escolha do nome se deu antes da gravidez. Não é só uma homenagem à mãe de Amilcare, que tinha o mesmo nome, mas de certa forma também à minha própria mãe, já que "Eunice" rima com "Alice". Amilcare sempre diz que me pareço muito com sua mãe, especialmente na maneira de ser, o que me faz querer manter viva essa memória que ele tem de uma pessoa especial que perdeu tão cedo. Sentia no meu coração que era o nome certo.

A escolha do nome da Antonella não foi menos mágica. Assim como a gravidez da Alice, a gestação da minha segunda filha também foi bem planejada. Na época, eu havia comentado que, logo após o Carnaval daquele ano, queria engravidar de novo; minha autoestima estava boa e me sentia muito feliz. Lembro-me bem de uma noite bonita, de lua cheia, em que estava no meu período fértil. Já havia pensado que poderia iniciar uma nova gestação ainda naquela semana. Então, assim como aconteceu quando esperava Alice, sonhei que amamentava um bebê. Me considero muito sensível e acredito muito na

minha intuição, que me revela muitas coisas durante o sono, de modo que fiquei alerta. Alguns dias mais tarde, saí para passear com minha família e pedi que Amilcare comprasse um teste de gravidez em uma farmácia. Assim que cheguei em casa, fui correndo ao banheiro para confirmar minhas suspeitas. Como é necessário aguardar uns minutinhos pelo resultado, criei um suspense ao cobrir o teste com uma toalha e dei banho na Alice com a ajuda do meu marido enquanto aguardávamos ansiosos. Na hora em que tiramos a toalha e vimos o resultado positivo, foi uma emoção só! Nós fizemos uma selfie com os olhos marejados de felicidade e guardamos o segredo entre os três. Havia engravidado da minha segunda criança perto do meu aniversário, e considerei isso um sinal claro de que Deus estava me dando um presente.

Embora a primeira gestação tivesse ocorrido bem, ainda sentimos aquele friozinho na barriga em relação a essa nova experiência de vida. Afinal, não há gravidez igual a outra. Por mais que esse fosse o quinto filho do meu marido e meu segundo, sentíamos a mesma ansiedade de pais de primeira viagem. Eu achava isso bom, pois era sinal de que reconhecíamos o compromisso com os nossos filhos.

Combinamos, então, de mais uma vez aguardar um tempo até revelar a notícia para nossas famílias. No Dia dos Pais, por fim, Amilcare revelou aos filhos dele sobre minha nova gestação, que já estava no segundo mês. Todos ficaram muito felizes, e um deles até comentou que havíamos demorado para dar um irmãozinho à Alice, que ficava muito sozinha em casa. Em seguida, contei à minha mãe, e ela encarregou-se de contar para todos os meus familiares.

Dessa vez, desejei saber o sexo do bebê apenas no nascimento. Às vezes, quando andava pelas lojas, muitas pessoas me interpelavam de maneira gentil perguntando se teria um menino ou uma menina e me davam sugestões de nomes. Isso me deixava um pouco desconfortável, pois me sentia invadida com tantos palpites e "certezas" quanto ao sexo da criança. Aquele era, sobretudo, um momento meu e de Amilcare. Estávamos na Itália quando senti seu primeiro chutinho, e lá optamos pelo nome Arthur se fosse um menino e Antonella se fosse uma menina. E sabe o que foi mais engraçado? A certeza do meu marido de que teria um menino era tamanha que ele escreveu seu palpite em um cartão e guardou em um envelope para que abríssemos somente depois do nascimento. Ficamos realmente surpreendidos e emocionados quando nasceu aquela princesa linda e cheia de saúde, e nos demos conta de que a única pessoa que apostava desde o começo que Antonella viria ao mundo era a própria Alice, que vivia dizendo que a Cinderela morava na minha barriga.

> NO DIA DOS PAIS, POR FIM, AMILCARE REVELOU AOS FILHOS DELE SOBRE MINHA NOVA GESTAÇÃO, QUE JÁ ESTAVA NO SEGUNDO MÊS.

Lembro também que, na época, fiz quatro ursinhos como enfeite para a porta da maternidade: um pai, uma mãe, uma ursa pequena, que simbolizava a Alice e, no colo dela, um ursinho que representava o bebê. Se concebesse uma menina, colaríamos um laço no ursinho; se viesse um menino, o ursinho-bebê ficaria sem laço. Foram pequenos detalhes como esse que tornaram a gravidez da Antonella, assim como a de sua irmã, uma experiência gostosa que guardarei por toda a minha vida.

Essa foi parte da minha história de vida, repleta de momentos altos e baixos, além de realizações profissionais, pessoais e amorosas. Preservo

as minhas origens, pois foram elas que me prepararam para ser a esposa e a mãe que sou hoje. É valorizando as minhas raízes com muita fé em Deus que construo um caminho familiar e profissional de muito amor, paz e auxílio ao próximo. Nas próximas páginas, relato tudo o que aprendi e senti ao longo das minhas gestações, na esperança de que sirva de ajuda para as futuras mamães aí fora que desejam entender melhor esse fascinante universo da maternidade.

Mensagem Especial

By Amilcare Dallevo Junior

Daniela e maternidade se confundem. Durante suas duas gestações, a Daniela passou tamanha tranquilidade e segurança para mim e para as bebês, que conseguiu até o milagre de me fazer assistir aos partos e cortar os cordões umbilicais de nossas duas princesas. Justamente eu, que tremo só de entrar num hospital.

Desde a gravidez da Alice, a impressão que passava era que ela já era experiente, que sabia como seria o desenrolar da história e o que precisava ser feito a cada momento.

Ela tem uma intuição muito forte, que a faz ter certeza que está grávida poucos dias após a concepção. E essa intuição permeia todos os nove meses da gravidez até o parto.

Foi muito gratificante passar esse período ao lado dessa mulher forte e guerreira, vivendo cada momento com muito amor, companheirismo e aprendizado.

Sei como foi importante para a Daniela escrever este livro. Ela teve todo o cuidado de não esquecer nenhum detalhe ou dica importante. Passou meses cuidando do texto, dos infográficos e das dicas dos especialistas.

Daniela dedicou mais de um ano do seu tempo no anseio de compartilhar suas experiências com você, leitora, de uma forma leve e com seu ponto de vista detalhado a respeito dos mais variados assuntos da gravidez.

A mim, coube o orgulho de ver esse seu projeto realizado, e me emocionar, relendo o livro, ao deparar-me com tantos momentos de amor, carinho e emoção.

Por fim, o que eu posso dizer é obrigado pelas nossas princesas e pela nossa família, que é a base de tudo na vida, além de que...

Eu te amo, My love!

Maternidade

mês a mês

1º MÊS

1 a 4 semanas

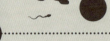

APÓS A FECUNDAÇÃO, o óvulo começa a se dividir em dezenas de células enquanto se dirige ao útero, que se prepara para receber o óvulo. Ocorre assim a formação da placenta e do cordão umbilical, que permitirão ao seu bebê se desenvolver durante a gravidez até o momento do parto.

A GESTAÇÃO tem 40 semanas e sua contagem se inicia no primeiro dia da menstruação. Você confirmará o seu tempo de gravidez assim que fizer a primeira ultrassonografia.

| 1 | 2 | 3 | 4 | 5 | 6 | 7 | 8 | 9 | 10 | 11 | 12 | 13 | 14 | 15 | 16 | 17 | 18 | 19 |

CASO VOCÊ NÃO TENHA feito antes de engravidar, nesta fase você já deve fazer um exame de sangue para checar a presença de alguma doença que possa afetar o bebê, como hepatite ou HIV, bem como verificar seu nível de açúcar no sangue.

AO FINAL do já emocionante primeiro mês de gestação, a grávida ostentará um bebê do tamanho de uma sementinha.

SABE AQUELA história de o rostinho da grávida ficar diferente? Tem um fundo de verdade, sim. O corpo da mulher sofre um aumento de volume sanguíneo na circulação, o que torna a cútis mais rosada e, para o terror de algumas, oleosa.

NÃO ESTRANHE SE você sentir cólicas nesse período, elas ocorrem devido às transformações em seu corpo para acomodar a gestação.

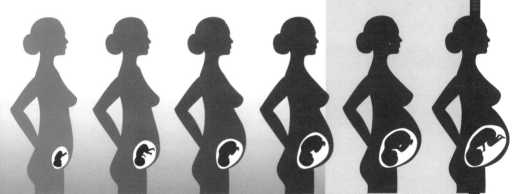

AINDA NO PRIMEIRO MÊS, o organismo da grávida inicia a formação do tubo neural, que dá origem ao cérebro e à medula. Além disso, órgãos como coração, aparelho digestivo, olhos, orelhas, braços e pernas começam a se formar.

ALÉM DA MENSTRUAÇÃO atrasada e das náuseas que todo mundo conhece bem, os demais sintomas típicos da gravidez nessa fase são o inchaço, a vontade constante de urinar e a sensibilidade nos seios.

| 22 | 23 | 24 | 25 | 26 | 27 | 28 | 29 | 30 | 31 | 32 | 33 | 34 | 35 | 36 | 37 | 38 | 39 | 40 |

Com o atraso da menstruação, sua suspeita se confirma: você está grávida! Mas ainda que tenha o resultado positivo nas mãos, você tem a sensação de que seu fluxo vai descer a qualquer momento. Não se engane: em breve, uma grande reviravolta terá início em seu organismo, cheia de emoções, sensações e ansiedades anunciando o milagre que está por vir.

N a época em que estava me preparando para engravidar pela primeira vez, lembro bem quando minha ginecologista disse que "a gestação não dura nove meses, mas doze: os três meses a mais são os de preparação do seu corpo". Por isso, antes da gravidez da Alice, já seguia uma rotina de pré-natal tomando ácido fólico e colocando as minhas vacinas em ordem.

Assim, quando descobri por meio de um exame que meu útero estava inchado, não demorei a fazer o teste para confirmar a gestação. Gosto tanto de lembrar do rosto iluminado do meu marido lendo o resultado e me parabenizando pela gravidez. Ainda assim, mal podia acreditar: será mesmo? Como descobri mais tarde em livros sobre o assunto, essa sensação de incerteza é normal no período inicial da gestação. Afinal, nosso corpo ainda está começando a se acostumar à ideia de que dará vida a um novo ser. Eu sei, lindona: marinheira de primeira viagem fica encucada com tudo. Mas vai por mim. Na gravidez da Antonella me senti muito mais tranquila quanto a essas sensações pela experiência acumulada de tudo que vivi na primeira.

Em ambas as gestações, os sintomas físicos das primeiras semanas foram amenos. Lembro-me de ter sentido enjoo apenas uma vez na gravidez da Alice — e por descuido; fiquei muito tempo sem comer enquanto me distraía em uma loja de móveis para bebês. Mas veja lá, menina: não confunda os enjoos. Como tenho um estômago sensível,

passo mal com facilidade. Sinto náusea em carrossel e em roda-gigante, e até com o balanço do carro. Mesmo assim, consigo perceber que o enjoo da gravidez é diferente, por isso, fique sempre atenta. No caso da Antonella, recordo da azia. Sabe aquela sensação de que a boca espuma? E que não importa o que você coma, parece que o estômago está sempre vazio? Era assim que me senti naquela época, e para aliviar o mal-estar estava sempre chupando gelo e limão.

Cada gestação é diferente da outra, e tenho outro exemplo ainda mais claro disso. Uma mudança notável que surge no corpo logo no começo é o aumento dos seios. Como sou muito observadora, notei que meus seios já haviam crescido nos primeiros quinze dias da gravidez da Alice. Já na gestação da Antonella foi diferente: meus seios não aumentaram, mas ficaram mais doloridos. Quando questionei minha obstetra sobre essa mudança, ela disse que o organismo é capaz de entender que você já passou por uma experiência como aquela, portanto os hormônios não reagem de forma tão agressiva ao corpo. Por isso, nada de criar minhocas na cabeça porque sua amiga sofreu determinado efeito no corpo que você não teve, hein? Digo e repito: não existe gravidez igual. E você também não pode ficar de bico fechado nas consultas; tire sempre todas as suas dúvidas, mesmo as que considerar bobinhas, porque não há nada como uma consciência tranquila.

> **COMO SOU MUITO OBSERVADORA, NOTEI QUE MEUS SEIOS JÁ HAVIAM CRESCIDO NOS PRIMEIROS QUINZE DIAS DA GRAVIDEZ DA ALICE.**

Outro sintoma comum no início da gravidez é o sono, mas não sofri desse mal. Pelo contrário; vivia com insônia e meu coração estava sempre batendo rápido. Acho que isso se devia não só à minha preocupação com a gravidez, mas também por ser ansiosa desde que me conheço por gente. Por conta disso, meu próprio metabolismo ficou acelerado e passei as primeiras semanas lutando para relaxar a mente e, por consequência, o corpo.

Sobre o lado emocional, em ambas as gestações fiquei mais recolhida no meu mundo durante os primeiros meses, o que me tornou mais sensível. Se alguém falasse alguma coisa que me incomodava, por menor que fosse, ficava chateada além da conta. Situações banais do dia a dia podiam me fazer cair no choro. Nesse período, algumas gestantes chegam até a sentir aversão aos companheiros. No meu caso, porém, foi diferente: acredito que fiquei ainda mais apaixonada. Lembro que me sentia muito mais envolvida com meu marido, e admirá-lo me deixava mais e mais calma. Mas é claro que toda essa sensibilidade aguçada cobrava seu preço: certa vez, ele saiu de uma consulta de rotina para atender a uma ligação de trabalho. Fiquei surpreendentemente magoada com aquilo. Senti que ele estava perdendo informações importantes que a médica transmitia. E o que acabei fazendo? Chorei no carro depois da consulta. Também me emocionava muito assistindo a filmes como *A Vida é Bela* e *A Troca* — este último sobre o sequestro de uma criança! Mas eu não sentia vergonha de chorar. Deixava aflorar, porque essa fragilidade é natural a qualquer grávida.

DÊ OUVIDOS AOS SEUS DESEJOS

Minhas duas gestações aguçaram a vontade de comer coisas que remetiam à minha infância. Segundo minha terapeuta, a gravidez faz com que muitas memórias do passado que pensávamos ter esquecido por completo nos peguem de surpresa, especialmente as que se relacionam a comidas e a cheiros. Sendo assim, tinha desejo de comer as coisas que mais me agradavam quando era menina, como manga, pão com ovo, jabuticaba e seriguela. Enquanto saciava minha vontade, lembrava-me

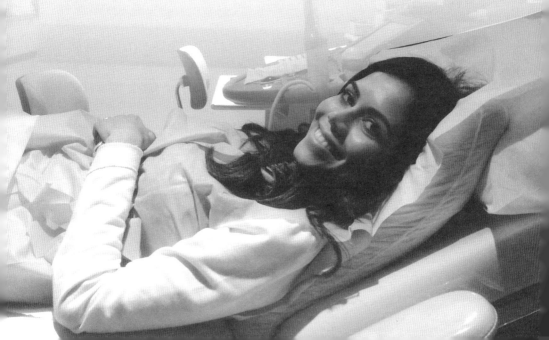

da minha infância e sentia um frio gostoso na barriga por me ver naquele momento realizando o sonho de ser mãe. Por isso, lindona, não deixe de comer aquilo pelo qual sente desejo; uma comida pode nos levar a uma deliciosa viagem no tempo.

DOE O BEM QUE RECEBE

Quando recebemos um presente como a gravidez, sentimos vontade de devolver ao mundo tamanha graça por meio da solidariedade, especialmente em relação a crianças. Lembro-me especialmente de três crianças que tive a oportunidade de ajudar durante a gravidez da Antonella. Marina, Sofia e Pedrinho precisavam ser ajudados financeiramente para realizarem um transplante delicado e caro nos Estados Unidos. Era preciso custear não só a permanência das crianças, mas também a dos pais durante um longo período. Fiquei sabendo da história deles pela imprensa e pelas redes sociais, e na ocasião cheguei a trocar muitos e-mails com o então ministro da saúde, Alexandre Padilha, para que intercedesse a respeito do assunto. Pedi a ajuda dele para liberar os recursos, pois sabíamos que as crianças precisavam realizar os transplantes o mais rápido possível. Foi muito bom ver naquela época a atitude das pessoas interessadas em lutar por uma causa comum: a vida daquelas crianças, que dependiam de nós. A Flávia Noronha e eu abraçamos aquela missão e conseguimos reunir alguns voluntários para turbinar a campanha pelas redes sociais e pela tevê. Assim, conseguimos juntar as doações que, somadas à ajuda do Ministério da Saúde, permitiram a realização dos transplantes fora do país.

> TODAS AS VEZES EM QUE ESTOU NO ORFANATO, FICO MUITO EMOCIONADA EM PODER ACOMPANHAR O DESENVOLVIMENTO DAQUELES ANJINHOS.

Além desse trabalho solidário junto às crianças doentes, há mais de dez anos contribuo com a casa de caridade Instituto Cristóvão Colombo, que abriga mais de 280 crianças. Lá, sou recebida com todo o amor e sinto como se os pequenos fossem parte da minha família. Todas as vezes em que estou no orfanato, fico muito emocionada em poder acompanhar o desenvolvimento daqueles anjinhos. Sou muito grata por receber aquele tanto de afeto que eleva minha alma. Procuro até hoje manter esse trabalho humanitário e acredito que, tendo sido uma criança que também sofreu dificuldades financeiras e que perdeu o pai tão cedo, é meu papel contribuir um pouco com a sociedade em que vivo. Gravidez é isto: aflora em você o senso de solidariedade e responsabilidade social. Não deixe, portanto, de atender ao chamado: faz bem para o próximo, para você e para seu bebê.

E aí, menina, sentiu a pegada do primeiro mês? Você ainda não viu nada! Ainda estamos no primeiro passo dessa louca e maravilhosa aventura de se tornar mãe.

DICAS DA DANI

- Primeiro mês de gravidez não é desculpa para pegar leve com o acompanhamento médico, viu? A essa altura seu ginecologista já deve dar início ao pré-natal pedindo exames ginecológicos e de sangue, além de te dar a previsão de quando você dará à luz. Com esses cuidados, você pode descobrir bem cedo se algo em seu corpo é capaz de comprometer o desenvolvimento do feto;

- Cuide de sua alimentação desde já! O ideal é buscar o acompanhamento de um nutricionista logo no início, mas o que já posso te adiantar como conselho é evitar passar um longo tempo sem se alimentar;

- Nem pensar em beber ou fumar durante a gravidez, minha gente! A bebida pode causar má-formação do feto, enquanto o cigarro aumenta o risco de aborto espontâneo. A mesma regra vale para a automedicação; os primeiros três meses de gravidez são bem delicados, e qualquer medicamento errado pode causar danos permanentes ao seu bebê;

- Os seios estão muito sensíveis, não é? Eu sei, já estive no seu lugar e posso te garantir que o uso do sutiã certo faz toda a diferença. Em minhas duas gestações, procurei por modelos confortáveis que dessem sustentação. Não tenha medo do investimento; você precisa pensar no seu próprio bem-estar para que o bebê também fique bem.

2º MÊS

5 a 8 semanas

SEU CORPO AINDA não sofreu nenhuma mudança física aparente, mas você está recebendo uma carga muito grande de alterações emocionais e psicológicas. Respire fundo e curta cada momento; acredite, passa rápido!

♀♂

VOCÊ PODERÁ SOFRER de tontura, vômito, prisão de ventre, fadiga, irritabilidade, sonolência, azia, má-digestão e dores de cabeça. Mas não se apavore! Para muitas grávidas, esses sintomas desaparecem no segundo trimestre...

| 1 | 2 | 3 | 4 | 5 | 6 | 7 | 8 | 9 | 10 | 11 | 12 | 13 | 14 | 15 | 16 | 17 | 18 | 19 |

ASSIM QUE SOUBER da gravidez, avise a chefia e o departamento pessoal para que a empresa se prepare para o período. Organize-se para não se prejudicar no futuro, combinado?

AO FINAL DA OITAVA SEMANA, todos os órgãos, músculos e nervos estão começando a funcionar. Nesta fase, o feto mede em torno de 1,6 centímetros.

PERTINHO DA SÉTIMA semana, o feto começará a formar bracinhos e perninhas.

O CORAÇÃOZINHO do feto bate ao ritmo de 110 a 160 batimentos por minuto por volta da sexta semana de gravidez.

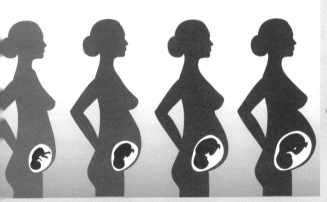

...PORÉM, SE ELES não sumirem de vista, seu médico pedirá um ultrassom. Fique tranquila, pois o procedimento é importante para uma avaliação geral da gestação. Além disso, você aproveita e ouve o coração do seu bebê.

O DESENVOLVIMENTO DO BEBÊ está indo de vento em popa nessa fase, com os principais órgãos - como rins e coração - se formando.

| 22 | 23 | 24 | 25 | 26 | 27 | 28 | 29 | 30 | 31 | 32 | 33 | 34 | 35 | 36 | 37 | 38 | 39 | 40 |

Apesar de ainda não ostentar uma barriguinha saliente, certamente você já estará se sentindo plenamente grávida e realizada nesse momento. Muitas grávidas enfrentam sintomas chatos, mas não existe enjoo ou indisposição que tire o sorriso do seu rosto.

No segundo mês de ambas as gestações, emagreci por conta do meu metabolismo acelerado e tive uma queda na resistência. Lembro que peguei gripe nas duas ocasiões. No caso da Alice, os sintomas eram mais amenos e eu conseguia acalmar a tosse com xarope de guaco. Já na vez da Antonella, não havia pastilha ou líquido que desse jeito; a gripe foi tão intensa que me deixou com aquela febre teimosa, o que me obrigou a tomar antibióticos para combater a infecção. Fazia muitos anos que não tomava esse tipo de medicamento, mas como estava bem debilitada não tive escolha. Quando melhorei, percebi o que havia contribuído para fragilizar minha saúde: a falta de regularidade na alimentação por conta da correria do dia a dia. Com a orientação da nutricionista, passei a me alimentar a cada três horas. Essa mudança foi sensacional no meu organismo, pois deixei de ter dor de cabeça e a azia diminuiu bastante. Como comia porções menores ao longo do dia, os enjoos diminuíram e só tinha mal-estar se ficasse sem me alimentar. Não sei se posso me considerar uma sortuda; afinal, jurava que ia vomitar muito no dia em que engravidasse. Fiquei muito surpresa por ver que passei longe disto. Como disse antes, cada organismo reage de uma forma.

Uma coisa que acontecia com frequência comigo nessa fase eram as quedas de pressão, que atribuí à progesterona injetada em mim toda noite por indicação médica. Logo pela manhã, quando chegava para trabalhar no *Manhã Maior*, tinha a sensação de que estava flutuando.

Sentia que podia desmaiar a qualquer momento. Por isso, adquiri o hábito de deixar guardado em meu camarim uma espécie de antídoto para a pressão baixa: sal e azeitonas. Lembro bem que adorava tomar água de azeitona. O líquido era um tanto salgado, mas diminuía minhas tonturas e fazia minha pressão voltar ao normal. Já o sal ficava bem escondidinho, porque não queria levantar suspeitas da minha gravidez. Toda grávida é assim mesmo, lindona: cheia de segredinhos. E só nós mesmas sabemos a hora certa da revelação, portanto não deixe ninguém roubar seu momento, viu?

ENTROU POR UM OUVIDO, SAIU PELO OUTRO

Quando uma mulher está grávida, sente-se feliz e, ao mesmo tempo, preocupada em proteger a si própria e ao bebê. Isso faz com que a gente sinta a necessidade de construir uma "barreira de proteção" para não se sentir invadida diante das barbaridades que ouve por aí, especialmente no início da gestação. Quando Alice estava na minha barriga, por exemplo, aconteceu toda aquela polêmica do humorista que fez uma piada sobre a gravidez de uma famosa. Essa época foi bem complicada. No final, o sujeito acabou se desculpando pelo escorregão, mas isso contribuiu para que eu não me sentisse à vontade para falar sobre a minha gravidez. Eu comecei a agir como "mãe coruja" e decidi por um tempo viver aquele momento sozinha por uma questão de proteção. Estava errada? Não acho; acredito que temos o direito de nos resguardar. A gravidez é um momento seu, linda. É seu direito se abrir sobre ela quando quiser e seu dever não se deixar aborrecer pelos comentários alheios; afinal, só você sabe o que sente e o que quer sentir.

> **A GRAVIDEZ É UM MOMENTO SEU, LINDA. É SEU DIREITO SE ABRIR SOBRE ELA QUANDO QUISER E SEU DEVER NÃO SE DEIXAR ABORRECER PELOS COMENTÁRIOS ALHEIOS; AFINAL, SÓ VOCÊ SABE O QUE SENTE E O QUE QUER SENTIR.**

LEIA, MENINA, LEIA

Sabe uma coisa que nunca faltava ali do ladinho da minha cama? Um bom livro sobre maternidade. Não importa se você é uma mamãe de primeira viagem ou uma mamãe experiente, um livro sempre pode te apresentar um novo modo de enxergar a experiência da gestação. Faça da leitura um momento relaxante do seu dia e peça ao seu companheiro que leia os mesmos livros, pois assim vocês podem compartilhar opiniões, como fiz com meu marido. Ah, mais uma coisa: desfrutar de um livro é bom demais, mas, apesar de todos os conselhos que ele traz, no final é você quem saberá o que é o melhor para si, e deve tomar todas as decisões com a ajuda de um médico de confiança.

DICAS DA DANI

- Pegue leve, viu, lindona? Nada de carregar peso ou se estressar a troco de nada. Como disse anteriormente, a gravidez é muito delicada nas primeiras semanas, e um passo em falso pode fazer seu organismo rejeitar o feto;

- Se você não tem o costume de usar hidratante no seu corpo diariamente, esse é um bom momento para pegar o hábito. Afinal, ninguém aqui está a fim de ganhar, além do bebê, algumas estrias;

- A alimentação da gestante no segundo mês já deve contar com doses diárias de proteína, ferro e cálcio – este último essencial para formar os ossos e dentes do seu neném;

- Converse com seu companheiro sobre realizarem juntos um curso de pré-natal. Ambos não só ficarão mais bem informados como também se sentirão mais unidos.

3º MÊS

9 a 12 semanas

NÃO, VOCÊ NÃO ESTÁ FICANDO MALUCA: nessa fase, é normal que suas emoções oscilem entre a felicidade e o medo. Os hormônios estão a mil, e não há nada que você possa fazer senão aceitar essa "loucura".

ALGUMAS GRÁVIDAS irão perceber que seu corpo apresenta veias azuis finíssimas; isso ocorre por conta do sistema circulatório, já que o volume de sangue no organismo aumenta devido à gestação.

O ESBOÇO DO ROSTO do feto já estará formado nessa fase da gravidez, incluindo os olhos.

NA RETA FINAL DO TERCEIRO mês da gestação, a pequena vida que você carrega pesará, em média, 58 gramas.

NESSA FASE, seu bebê poderá mexer as mãos, pernas e cabeça. Ele também será capaz de abrir e fechar a boca e praticar a sucção.

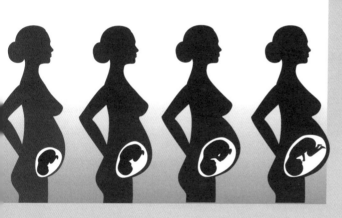

JÁ NÃO ESTÁ MAIS INDO AO BANHEIRO com a mesma frequência de antes? Bom sinal; isso significa que o útero está exercendo menos pressão na bexiga conforme sobe para a área abdominal.

NA 9ª SEMANA, toda a estrutura básica do corpo do bebê estará desenvolvida e ele começará a ganhar peso.

| 22 | 23 | 24 | 25 | 26 | 27 | 28 | 29 | 30 | 31 | 32 | 33 | 34 | 35 | 36 | 37 | 38 | 39 | 40 |

Essa é a fase das oscilações de humor, do medo, da felicidade a mil. Tudo junto e misturado. Aquele friozinho na barriga para completar logo os famosos três meses de gestação e sair espalhando para todo mundo a grande novidade.

Sabe quando tudo está dando certo e você fica com medo de falar sobre isso para não atrair má sorte? Foi assim que me senti no terceiro mês das minhas gestações. Foi uma época mágica; era fácil sentir quando a criança estava se mexendo e podia até mesmo ouvir aquele coração tão pequeno batendo. Nos dois primeiros meses, o ultrassom é feito pela vagina, mas a partir do terceiro mês é realizado pela barriga, o que nos dá uma sensação mais real do milagre ocorrendo em nosso ventre. E quanto mais nos alegramos com a evolução do feto, menores se tornam os medos.

Lembro que nessas semanas ainda não tinha nada de barriga, pois ela começou a despontar apenas a partir do quarto mês. Nessa fase, mantive meu "segredo" por algum tempo, mesmo entre alguns familiares. Minha barriga era tão pequena que quase ninguém notava. No meu trabalho, também continuava mantendo a discrição enquanto saboreava aquele momento tão especial.

Nessa época, também passei a me sentir um pouco mais introspectiva. Me lembro de ficar aérea; falava uma coisa enquanto pensava em outra. Embora essa já fosse uma característica minha, percebi que se aguçou com as gestações. Até nas aulas de ginástica as pessoas percebiam e diziam: "Ela não está aqui, está em alfa". Já eu preferia dizer que estava "viajando na batatinha" mesmo.

Foi também no terceiro mês que dei importância maior aos suplementos vitamínicos. Já tomava ácido fólico antes das gestações por

DANI E ELAS

recomendação médica e durante as primeiras semanas fazia uso da progesterona por conta do aborto espontâneo que havia sofrido antes da Alice, mas a partir do terceiro mês passei a tomar um complexo de vitaminas chamado Ogestan Plus, composto de óleo de peixe, minerais ácidos, ômega-3, vitaminas A, C e D, ferro, zinco e cobre. Segui com o tratamento durante todo o período das minhas duas gestações até a amamentação, e ainda que Antonella tenha abandonado o peito cedo, senti que precisava desse complemento. Além do Ogestan Plus, adquiri o hábito de comer bife de fígado para evitar a anemia e também de beber água com maior frequência.

Quanto aos efeitos no corpo nessa fase, muitas mulheres relatam ficar com veias finíssimas. Não lembro que isso tenha acontecido comigo. Algo que sentia, não no terceiro, mas sim entre o quarto e o quinto mês, era um formigamento nas pernas que atribuía à má circulação. Quando andava, ficava com as pernas dormentes; quando parava, sentia que estavam geladas. Naquele período, passei a usar meias de compressão. Um segredo que compartilho para quem sofre do mesmo mal é usar cremes para relaxar as pernas e deixá-las para cima. Claro que essa situação varia muito de acordo com a sua disposição e do tipo de trabalho que realiza, mas não se preocupe: ter problemas de circulação na gravidez é absolutamente normal.

Você se lembra de quando falei sobre aqueles desejos por comida que me conectavam à infância? No terceiro mês eles se tornaram mais intensos, especialmente na gravidez da Antonella. Comia mingau de aveia, de fubá, pão com ovo, geleia de mocotó, leite condensado cozido na panela de pressão, rapadura, tereré e chimarrão. Todos esses alimentos me faziam esquecer do cotidiano enquanto me transportavam por meio da memória às sensações, aos cheiros e aos sabores do passado. Portanto, não ignore essa fome gostosa, menina: ela só faz bem para a alma!

TODOS ESSES ALIMENTOS ME FAZIAM ESQUECER DO COTIDIANO ENQUANTO ME TRANSPORTAVAM POR MEIO DA MEMÓRIA ÀS SENSAÇÕES, AOS CHEIROS E AOS SABORES DO PASSADO.

MALHE COMO UMA MADAME

Atividades como pilates, ioga e musculação são ótimas para amenizar alguns sintomas da gravidez e preparar o corpo para o parto normal, mas não é para fazer a louca, hein? Contei à minha professora de ginástica sobre a gravidez para que ela não me pedisse exercícios inadequados. Ainda assim, especialmente na gravidez da Antonella, inventava umas dorzinhas ou dizia que não havia dormido direito na noite anterior para que ela não pegasse pesado comigo. Afinal, como alguns exercícios exigiam que eu ficasse de barriga para baixo, não queria me arriscar. Moral da história? Faça a dondoca na academia e se exercite só da maneira que se sentir segura, e sempre com ajuda profissional.

AO SEU LADO

Foi uma experiência incrível ter meu marido presente em todos os ultrassons e consultas do pré-natal de nossas filhas. Semana após semana ele estava lá, firme e forte, conversando e comemorando comigo a evolução das gestações. No terceiro mês, vivi intensamente com o Amilcare aquela sensação que faz pensar: "Ufa, consegui chegar até aqui e tudo está sendo um sucesso". É importante demais que seu parceiro esteja ao seu lado falando palavras de conforto e ajudando a acalmar a ansiedade. Mesmo que ele não seja de muitas palavras, só o fato de ele estar ali com você já ajuda a dividir todas essas sensações. Sei que pode ser difícil não contar com o apoio da pessoa que você ama, por isso o planejamento é essencial. Se o seu companheiro acompanha essa jornada com você e vivencia a experiência do nascimento, não só se cria um vínculo maior com o bebê, mas também fortalece ainda mais a união do casal. Encoraje a presença do seu parceiro. É um bem que nenhum dinheiro no mundo pode comprar.

- Se você já não se aguenta mais de curiosidade para saber o sexo do seu bebê, este é o momento ideal para pedir o exame de sexagem fetal. Depois quero convite para o chá de revelação, viu?;

- Ainda sobre exames, recomendo que você peça ao obstetra seu primeiro ultrassom morfológico, um exame mais avançado que permite a análise de cada órgão do neném;

- Grávida não só pode como deve fazer um *check-up* odontológico, pois um problema nos dentes ou nas gengivas da mãe pode contribuir para que o bebê nasça abaixo do peso ou mesmo causar partos prematuros. Fique de olhos – e boca – abertos!

4º MÊS

13 a 16 semanas

NESSA FASE, TODOS OS ÓRGÃOS internos do bebê já estão com as estruturas principais formadas. O feto exibe função intestinal e treina os movimentos respiratórios dos pulmões.

NO QUARTO MÊS, seu neném estará mais ativo do que nunca! Além de sentir seus movimentos, você será capaz de perceber seu bebê soluçando.

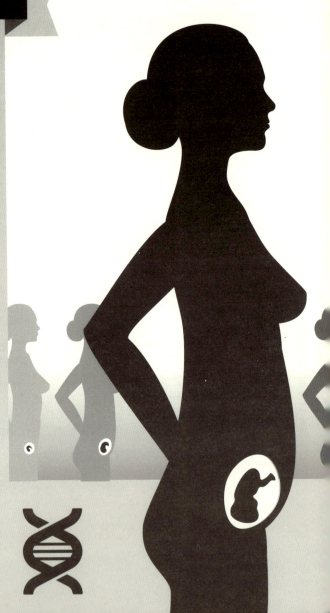

| 1 | 2 | 3 | 4 | 5 | 6 | 7 | 8 | 9 | 10 | 11 | 12 | 13 | 14 | 15 | 16 | 17 | 18 | 1 |

EMBORA A PELE do bebê ainda seja bastante fina e seus vasos sanguíneos possam ser vistos sob ela, o pequeno já apresenta um esqueleto de respeito, cordas vocais e dedinhos com impressões digitais.

AO FINAL DO QUARTO mês de gestação, o seu serelepe bebê pesará em torno de 150 gramas. O que isso significa? Uma barriguinha já saliente.

COM AS MÃOZINHAS já formadas, um dos passatempos favoritos do feto será divertir-se com o cordão umbilical. Alguns fetos mais corajosos ainda tentarão "manobras radicais" como cambalhotas.

A MULHER NOTARÁ nessa fase da gestação que os mamilos escurecem e os seios aumentam de tamanho. É nesse processo que se forma a nutritiva substância conhecida como colostro.

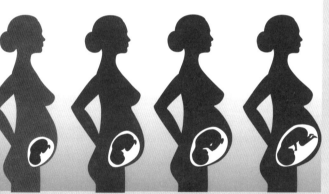

SE VOCÊ AINDA NÃO estiver sentindo o bebê dar seus famosos chutinhos, não fique alarmada. Lembre-se: cada gravidez é única. Logo, logo, você desfrutará dessa sensação fantástica...

... QUE AS MAMÃES descrevem das mais diversas maneiras: como se bolhas de ar se agitassem, borboletas batessem as asas dentro do corpo ou peixinhos nadassem na barriga. Quem saberá definir melhor essa experiência é a própria gestante.

| 22 | 23 | 24 | 25 | 26 | 27 | 28 | 29 | 30 | 31 | 32 | 33 | 34 | 35 | 36 | 37 | 38 | 39 | 40 |

Essa é considerada a melhor fase da gravidez. Muitos dos desagradáveis sintomas desaparecem, e, embora suas roupas já não sirvam mais, poucas pessoas percebem que você está esperando um bebê.
A essa altura, a criança já está formada e a futura mamãe pode ficar mais tranquila em relação ao seu desenvolvimento. Assim, uma onda de energia e disposição invade a gestante, que agora pode curtir essa experiência maravilhosa de gerar uma nova vida sem tantas preocupações.

O quarto mês das gestações das minhas filhas correu na mais perfeita calma. Foi o momento de fazer o enxoval, de me organizar e dar vazão àquela vontade de comprar as roupinhas. Esse momento é o auge da gestação; você se sente bem mais segura e confortável.

Em ambas as gravidezes, os primeiros no ambiente de trabalho a quem confiei a informação foram meus protetores: Claudio Vaz, meu figurinista, e Marco Diniz, meu maquiador. Sabia que eles não contariam a ninguém, embora estivesse cada vez mais difícil esconder aquela barriguinha inchada. Os sinais estavam ficando claros: o quadril começou a aumentar e eu já parecia um tanto gordinha, como se tivesse comido uma feijoada caprichada. No caso da Antonella, foi ainda mais complicado, porque minha barriga ficou bem pontuda. Nessa ocasião, eu fazia muitas gravações externas para o *Sob Medida*, programa em que promovia transformações na casa e na vida dos participantes. A atração exigia que eu fosse frequentemente às comunidades, e às vezes me via subindo escadas bem estreitas. Assim, sentia alívio de saber que o Claudio e o Marquinhos estavam ali para cuidar de mim.

Foi no quarto mês que minhas meninas deram seus primeiros chutes. Fiz questão de anotar ambas as datas e guardar na memória cada minuto daqueles dois momentos tão especiais. Alice se manifestou no dia 5 de dezembro de 2011. Eu já havia revelado a gravidez pela tevê e estava em Miami preparando o enxoval. Certa noite, em um jantar com meu marido, estava saboreando um petit gâteau de chocolate como sobremesa enquanto falava sobre as compras feitas naquele dia e sobre como minha barriga vinha crescendo. De repente, senti um "plac"; foi um chute bem forte no meu ventre. Quase pulei da cadeira de susto! Um segundo depois, já estava transbordando de emoção com minha menina. Meu marido e eu mal pudemos nos conter de tanta alegria.

Já com Antonella, a história foi diferente, mas não menos maravilhosa. Em 2014, viajei para Capri, na Itália, com a Alice. Estava vivendo uma experiência muito gostosa com minha filha, e tiramos uma linda foto para as redes sociais com a pequena beijando minha barriga. Nessa mesma postagem, revelei ao público minha segunda gravidez. Foi num passeio de barco nesta inesquecível viagem, no dia 26 de setembro de 2014, que senti aquele chutão, agora já conhecido mas não menos emocionante. Ainda não sabia se era um menino ou uma menina, mas já sentia aquele amor incondicional de mãe que carregamos por toda a vida.

> **FOI NO QUARTO MÊS QUE MINHAS MENINAS DERAM SEUS PRIMEIROS CHUTES. FIZ QUESTÃO DE ANOTAR AMBAS AS DATAS E GUARDAR NA MEMÓRIA CADA MINUTO DAQUELES DOIS MOMENTOS TÃO ESPECIAIS.**

Sobre as sensações físicas do quarto mês, notei que, embora as grávidas normalmente não sintam mais tanta vontade de urinar a toda hora nessa época, eu ainda recorreria ao banheiro com frequência. Notei que minha azia durante a gravidez da Antonella havia melhorado, bem como as dores em meus seios. Não tive nenhum inchaço nos tornozelos, mas ainda sofria com o formigamento nas pernas quando ficava muito tempo de pé, a ponto de desenvolver pequenas varizes. Nessa época, também investi nos exercícios físicos como uma maneira de evitar dores no nervo ciático, além de praticar alongamentos para escapar das indesejadas cãibras.

DANI E ELAS

Já em relação à distração, aprendi a abraçá-la na maternidade. Quando apresentava meus programas de tevê, cometia várias gafes como se estivesse fora de sintonia. Lembro-me de um dia em que acordei bem cedo para apresentar o *Manhã Maior* e, numa conversa ao vivo com a Regina Volpato sobre quadrigêmeos, comentei como devia ser difícil cuidar de quatro crianças por "361 dias do ano", em vez de 365 dias. Virei piada, é claro. Eu me sentia muito esquecida, não conseguia me concentrar bem e sentia a cabeça agitada. Percebi, porém, que não estava ao meu alcance controlar tudo o que acontecia comigo durante a maternidade e passei a me cobrar menos nesse sentido, o que ajudou muito na minha saúde mental.

E agora você me pergunta: e a alimentação, Dani? Ora, ainda sentia aquele desejo louco de comer minhas comidas favoritas. Petiscava churros, bananas split, espaguete ao vôngole, pizza... Curiosamente, comer não só saciava meu desejo como acalmava os movimentos de Antonella. Essa gula, porém, foi logo brecada pela nutricionista, que me colocou nos trilhos com uma dieta bem rígida.

Quando viajei a Miami para fazer meu enxoval, contratei os serviços da *personal shopper* Priscila Goldenberg, uma especialista que ajuda seus clientes a fazerem compras personalizadas e inteligentes. Na época, achei necessário ter uma profissional como essa ao meu lado por ser mãe de primeira viagem. Priscila é, naturalmente, especializada em enxovais e sabe exatamente o que será necessário para cuidar do bebê. Afinal, como as futuras mamães acham qualquer coisa linda e querem comprar tudo o que encontram pela frente, podem acabar pagando por algo que nunca vão utilizar. Nesse sentido, Priscila foi essencial, além de também ter me ajudado a economizar um tempão. Entre seus conselhos de compra, lembro especialmente da mamadeira com formato de seio; ela é ideal para as mães que precisam sair para trabalhar, pois assim o bebê não estranha tanto o objeto. Só tenho, portanto, a agradecer a Priscila, por seu trabalho que me poupou dinheiro e infinitas horas de maratona nas lojas e por compartilhar com vocês algumas dicas preciosas, lá no capítulo "Papo de especialista"!

PREPARANDO-SE PARA A AMAMENTAÇÃO

Muito se fala sobre a amamentação, mas é vivendo essa fase que podemos realmente entendê-la. Esse momento pode ser muito tranquilo para algumas mulheres, mas complicado para outras. Para tentar evitar problemas como fissuras e rachaduras no bico dos seios, você pode prepará-los enquanto estiver grávida seguindo os seguintes conselhos:

- Opte por sutiãs de boa sustentação; a gravidez faz com que os seios fiquem mais pesados, e a tendência é que a musculatura ceda com a amamentação. Mas não esquente, lindona: os seios voltam ao tamanho normal com o tempo;
- Durante o banho, adquira o hábito de passar uma bucha vegetal de maneira leve nos seios. Isso faz com que os mamilos sejam estimulados;
- Utilize um secador de cabelo para secar os seios;
- Fique atenta na hora de passar hidratante no corpo. É recomendável evitar a área dos mamilos;
- Com as pontas dos dedos, faça movimentos circulares nos mamilos várias vezes ao dia;

- Utilize conchas de amamentação. Se você não tiver esse produto, pode improvisar fazendo um furo em um sutiã no lugar do mamilo;
- Se possível, tome banho de sol nas mamas por até quinze minutos, no intervalo entre as oito e dez horas da manhã;
- Evite exercícios que causem algum tipo de sensibilidade ou dor nos seios.

Mesmo com todos esses cuidados, tive problemas durante a amamentação, como sangramento do bico dos seios. Mas poderia ter sido pior, como vemos acontecer com tantas gestantes. Os cuidados que você toma agora são fundamentais no futuro. Entendido, mamães e futuras mamães?

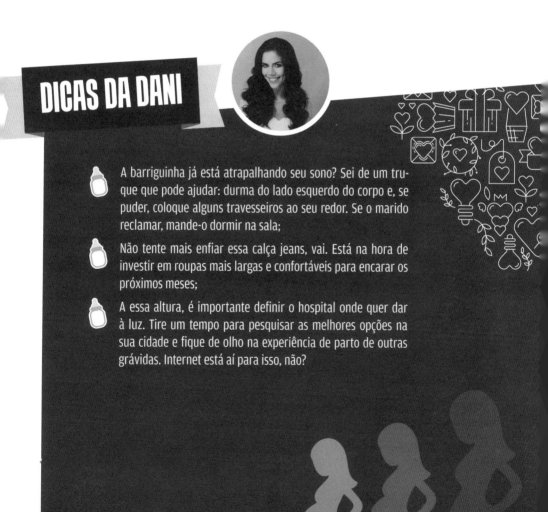

DICAS DA DANI

- A barriguinha já está atrapalhando seu sono? Sei de um truque que pode ajudar: durma do lado esquerdo do corpo e, se puder, coloque alguns travesseiros ao seu redor. Se o marido reclamar, mande-o dormir na sala;
- Não tente mais enfiar essa calça jeans, vai. Está na hora de investir em roupas mais largas e confortáveis para encarar os próximos meses;
- A essa altura, é importante definir o hospital onde quer dar à luz. Tire um tempo para pesquisar as melhores opções na sua cidade e fique de olho na experiência de parto de outras grávidas. Internet está aí para isso, não?

5º MÊS

17 a 20 semanas

NESSA FASE, algumas mulheres sentem um aperto no útero. Não se alarme; são as chamadas contrações de Braxton Hicks. Elas podem ocorrer até o final da gestação, como uma espécie de preparação para o parto.

COMO OS NÍVEIS HORMONAIS da mulher se elevam muito durante a gestação, é possível que você sofra com suor excessivo. Não há razão para se preocupar, pois se trata de uma manifestação normal do período.

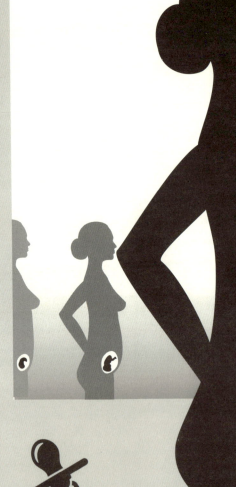

| 1 | 2 | 3 | 4 | 5 | 6 | 7 | 8 | 9 | 10 | 11 | 12 | 13 | 14 | 15 | 16 | 17 | 18 | 19 |

A GLÂNDULA tireoide da gestante estará à toda nesse período da gravidez, o que fará a sua temperatura corporal subir de maneira expressiva. O resultado? Aquele calorão e uma pele um tanto quanto irritada. Moleza, hein?

NA RETA FINAL do quinto mês de gestação, o bebê estará tão "cheinho" quanto sua mamãe, pesando aproximadamente 330 gramas.

NESSA FASE, o feto estará coberto pela substância protetora conhecida como vérnix caseoso. Sua pele se mostrará mais grossinha, mas ainda estará enrugada devido à falta de gordura.

OS CUIDADOS com a pele também não podem ser abandonados nessa fase da gravidez, em especial quando consideramos o típico surgimento daquelas manchas marrons nas bochechas.

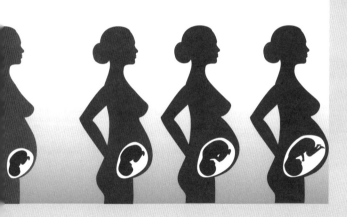

SAIU SANGUE DO NARIZ e da gengiva? Nada de pânico, mulher, isso é normal. Outras manifestações que podem ocorrer no período são as hemorroidas e as veias varicosas.

| 22 | 23 | 24 | 25 | 26 | 27 | 28 | 29 | 30 | 31 | 32 | 33 | 34 | 35 | 36 | 37 | 38 | 39 | 40 |

> Nessa fase, todo mundo já percebe claramente que você está grávida, pois a sua barriga fica bem redondinha. O seu ganho de peso será em média de 1,5 a 2 quilos por mês. Mas, obviamente, isso depende do organismo de cada uma. O importante é curtir o momento e ser feliz com sua linda barriguinha.

Nesse período das minhas gestações, achava-me o máximo por ostentar uma barriga já bem evidente, o que me fazia usar e abusar dos vestidos que marcavam o corpo. Eu me sentia muito segura e confiante, e acredito que conseguia transmitir tais sensações no meu quadro "Super Dani", no *Manhã Maior*. Nessa atração, costumava vivenciar o dia a dia de profissionais como padeiros e pedreiros, e realizava as matérias com a maior das disposições enquanto as conciliava com minhas atividades físicas diárias, como as já citadas ioga, pilates e musculação. Quando olho para trás, vejo que minha rotina era bastante corrida, especialmente considerando que, na gravidez da Alice, ainda fazia teatro à noite e não dormia muito pela necessidade de acordar cedo no dia seguinte, mas amava essa dinâmica de estar sempre ocupada e ativa.

Lembro-me também de que caminhava com as minhas amigas na mesma velocidade que elas. Eu nunca me lamentava por estar grávida e não poder fazer as coisas; era, na verdade, uma gestante muito abusada. Na ioga chegava até mesmo a me equilibrar somente em um pé devido ao bom preparo físico. Acredito que grande parte da minha tranquilidade em relação a minhas duas gestações se deveu à minha dedicação a atividades como trabalhar diariamente, fazer teatro, ler e consultar a fonoaudióloga, o que me fez não só sentir segurança de sobra como também não ter nenhum minuto à toa para encher a cabeça de bobagens. Portanto, meninas, não façam do tempo livre a regra, mas

a exceção; quanto mais coisas fazemos, melhor nos preparamos para o parto.

    Quantos aos efeitos no corpo, entre o quarto e o quinto mês sentia fisgadas no ciático, queimações nas pernas e aquelas cãibras inconvenientes. Imagino que esses incômodos se agravavam devido ao fato de usar salto alto com frequência no meu trabalho. Como de praxe, amenizava essas sensações desconfortantes com alongamentos. Recorria a um movimento básico: colocava as mãos na cama ou na parede e levava as pernas para trás para me alongar. Outra sensação difícil nesse período foi o calor. Apesar de ser friorenta, queria porque queria deixar o ar-condicionado ligado a noite toda no quarto, para o pavor do meu também friorento marido. Pois é, meninas: ele tem que ser seu companheiro na saúde, na doença e também no frio de frigorífico.

    Já em relação à retenção de líquido, fazia drenagem linfática duas vezes por semana e nunca ficava com os pés inchados. Somente a minha barriga se destacava. As pessoas até brincavam que eu parecia uma sucuri que havia engolido um bezerro, pois era bem magrela e barriguda. Acredito que isso tenha a ver apenas com meu organismo, porque cada mulher fica de um jeito na gestação e todas são lindas à sua maneira.

Além desses sintomas, vez ou outra sofria uma pequena contração quando subia um lance de escadas ou me agachava. Sentia como se a barriga ficasse dura e, por consequência, tinha vontade de urinar. Mas posso garantir que não sofria de nenhuma dor desagradável. Outra coisa corriqueira no período era a falta de ar, especialmente quando estava apresentando o programa e tinha de ler um texto publicitário um pouco extenso. Não era algo que chegasse a atrapalhar meu dia a dia, mas ficava sempre de olho para notar alguma piora. Grávida pode até ser desatenta, mas não pode de jeito nenhum deixar esses sintomas passarem batido, viu?

Sobre a alimentação, fazia o máximo para me disciplinar. Quando estava muito ansiosa, comia e logo depois tinha aquela sensação de vazio. Para não me deixar enganar e comer mais, bebia muita água até que aquela sensação sumisse. Embora isso acabasse resultando em idas mais frequentes ao banheiro, era uma maneira de evitar me entregar àquela gula. Por isso foi tão importante para mim adotar uma dieta regrada em que me alimentava de três em três horas. O consumo de marmitas fitness, por sua vez, mostrou-se essencial como fonte de nutrição para o meu organismo e o das minhas filhas.

> **EU VIVIA FELIZ, A PONTO DE MEU MARIDO DIZER QUE EU DEVERIA FICAR SEMPRE GRÁVIDA. ME CONSIDERO UMA PESSOA TÃO TRANQUILA QUE, PARA ALGUÉM ME VER NERVOSA, É PRECISO QUE O CIRCO ESTEJA REALMENTE PEGANDO FOGO.**

Quanto à instabilidade emocional, ainda me sentia bem sensível, mas o meu humor era tranquilo. Não fui uma gestante chorona; conheço muitos casos em que as mulheres ficam até bravas com o marido. Eu vivia feliz, a ponto de meu marido dizer que eu deveria ficar sempre grávida. Me considero uma pessoa tão tranquila que, para alguém me ver nervosa, é preciso que o circo esteja realmente pegando fogo. Aí o negócio é sair de perto! Mas o que também me ajudava a criar essa aura de serenidade era o jeito como as pessoas me tratavam por ser gestante. Menina, era muito paparico. Eu achava o máximo; no supermercado, por exemplo, não queriam que eu ficasse esperando na fila. Já em ambientes como elevadores, era comum ouvir perguntas carinhosas sobre minha gestação. Só de me lembrar desses momentos enquanto escrevo sinto um prazer imenso.

Mas como nem tudo são flores, a falta de concentração e os momentos de distração ainda me pegavam para Cristo. Como apresentava o programa diariamente, precisava manter minha atenção redobrada, mas mesmo assim algumas coisas escapavam ao meu controle. Era aquela história: pensava x, falava y. O que me ajudou bastante nesse período foi ter ao meu lado um caderninho no qual pudesse anotar

alguns tópicos para não me perder. Além disso, a ioga e a hidroginástica também desempenhavam papel fundamental para reestabelecer meu equilíbrio, evitando que minhas confusões mentais se tornassem mais frequentes. Se você tem os mesmos problemas que tive, é bom começar a praticar essas atividades desde já, pois a distração pode piorar durante a amamentação, por conta do cansaço.

De minha parte, há ainda um pequeno agravante nessa história de desatenção: sou por natureza uma pessoa que pensa muito; penso em duas coisas ao mesmo tempo mesmo se estiver conversando com alguém. Isso não significa que não estou dando bola ao outro, apenas que consigo entendê-lo enquanto deixo meu pensamento seguir seu caminho. É da minha natureza, e não acho que seja algo ruim. Não podemos rejeitar o que somos, viu, menina? Somos únicas, portanto especiais.

A BELEZA DE SER UMA FUTURA MAMÃE

Eu me considero a mulher mais linda do mundo quando estou grávida. Meu semblante fica diferente e adquiro uma energia inexplicável. Não conseguia parar de tirar fotos de todos os momentos que, embora à primeira vista parecessem simples, foram para mim especiais, como quando apresentava meu programa com aquela barriguinha ou me encontrava no conforto do meu lar após um banho gostoso. Sei que isso varia de mulher para mulher; algumas amam a gravidez, outras nem tanto. Eu viveria tudo outra vez. Com a exceção de um sintoma ou outro, não senti dificuldade alguma. E mesmo os maiores incômodos não são nada perto do sentimento de gestar um ser e se sentir a mais especial das mulheres. Se você já teve seu bebê, sabe do que estou falando. Se não, questione-se no futuro: "Eu faria tudo de novo?".

A ESCOLHA DO HOSPITAL

Primeiramente, vou confessar algo para vocês: meu sonho sempre foi dar à luz em casa, como minha avó. Minha obstetra, porém, recomendou que eu optasse por um hospital por questões de segurança. Assim, no quinto mês da gravidez da Alice, passei algum tempo pesquisando quais maternidades podiam me dar a experiência de um parto mais parecido ao caseiro, e encontrei o que buscava na Pro Matre. Nessa maternidade, não só realizei meus dois partos como fiz com Amilcare um curso de pais, que nos ajudou muito a lidar com essa nova fase de nossa vida. Não quero, naturalmente, dizer que você deva seguir meu conselho: minha intenção é mostrar que cabe a você escolher a maternidade que melhor atenda às suas necessidades e faça você se sentir bem, segura e feliz. Porque, se o santo não bate, lindona, não há hospital de luxo que resolva!

DICAS DA DANI

- Caso não queira saber o sexo de seu bebê, que tal investir em um enxoval de cores neutras? Dessa forma, você não acumula tarefas futuras e ainda dá um toque de frescor às compras ao fugir do convencional "azul e rosa". Ainda sobre enxoval, te dou aquele conselho amigo: guarde as roupinhas perdidas do seu primeiro filho, mesmo que no momento não esteja pensando em engravidar novamente. Afinal, a gente nunca sabe o futuro, e não dá para ficar gastando um caminhão de dinheiro com roupas a cada gestação, correto?;

- Bora meter a mão na massa e pintar o quarto do bebê? Pois é, menina. O tempo passa rápido e você precisa decidir o tipo de reforma que fará antes que seja muito tarde. Vai pintar? Colocar papel de parede? Trocar o piso? E o cômodo, está arejado o bastante? Já sei, estou te enlouquecendo com tantas perguntas, mas essa urgência tem seu propósito: e se acontece um imprevisto e a reforma passe a levar meses? Planeje-se bem, pois não queremos que nada atrapalhe o seu momento de curtição com o recém-nascido;

- Essa fase da grávida dá um calor, menina. Não tenha medo de se refrescar à vontade, por mais que soe estranho para os outros. Quando eu mergulhava na praia, voltava pingando e recusando-me a usar a toalha. Bebidas geladas, então, eram meu ponto fraco: adorava um tereré e uma água com limão. Aposto que você tem seus próprios truques para vencer esse calor, portanto abuse sem dó. Mas não vá beber caipirinha, pelo amor de Deus!

6º MÊS

21 a 24 semanas

NO SEXTO MÊS, as alterações no corpo ficam cada vez mais evidentes. Seu útero está maior por causa do crescimento e aumento de peso do bebê, o que pode causar cansaço e dores no corpo.

SEU BEBÊ está em plena atividade no sexto mês! Ele consegue ouvir e reconhecer a voz materna, além de sons do ambiente. Por isso, pode responder ao toque e se assustar com barulhos altos.

AO CHEGAR nos dias finais do sexto mês, seu pequenino deverá pesar algo em torno de 670 gramas.

COM OS HORMÔNIOS indo à loucura, é natural que a grávida perceba um aumento na libido. Não há problemas em ter relações sexuais, desde que não haja restrições por parte de seu médico.

SE VOCÊ ESTIVER CONTROLANDO seu aumento de peso e se alimentando corretamente, com um cardápio que dê especial atenção aos alimentos ricos em ômega 3, ferro e cálcio, deverá ganhar entre 5 e 6 quilos até essa fase.

APESAR DE PEQUENININHO, seu neném já apresenta os primeiros sinais de dentição, por baixo da gengiva. Por isso, pode acontecer, em casos raros, de o nenê já nascer com dentinhos.

| 22 | 23 | 24 | 25 | 26 | 27 | 28 | 29 | 30 | 31 | 32 | 33 | 34 | 35 | 36 | 37 | 38 | 39 | 40 |

Se antes você sentia apenas um leve toque a cada semana que passava, agora começará a sentir de tudo, desde os famosos chutes até socos e cotoveladas. Esse "ganho de força" ocorre porque os músculos e as articulações do bebê estão se tornando mais firmes. Os movimentos ocorrem inicialmente com um grande intervalo entre um e outro, mas, nesse período, podem ser sentidos com maior frequência.

Grande parte das futuras mamães experimenta nessa fase sintomas como aumento da azia, dificuldade de digestão, coceira no abdômen, sensação de dor na parte de baixo do ventre, dores mais intensas nas costas e uma baita ansiedade. No meu caso, a grande questão foi a alimentação; comi muito pouco, porque se me alimentasse demais tinha aquela sensação desconfortável de estar pesada e cansada. O segredo para evitar o desconforto ou o enjoo é comer alimentos leves em intervalos de três horas. Se você tiver o hábito de comer muito, é bom maneirar, lindona! Comece a dividir seus pratos para enxergar uma mudança positiva em seu corpo.

Ainda sobre alimentação, descobri durante o sexto mês da minha primeira gravidez que tinha predisposição à diabetes gestacional. Por conta disso, segui uma dieta muito restrita para evitar o uso da insulina. Já na gravidez da Antonella não tive esse problema, mas mantive os mesmos hábitos alimentares da minha experiência anterior ao dar um chega pra lá no açúcar. Se quisesse uma fruta, tinha de ser em determinado horário e não podia repetir. Arroz branco? Nem pensar! Tudo o que comia tinha que ser integral. Essa disciplina me levou a carregar minhas marmitas aonde quer que fosse. Grávida tem que viver com

comida saudável na bolsa para petiscar ao longo do dia, hein? Com esse controle da alimentação em ambas as gestações, passei alguns meses sem aumento de peso e outros com ganho máximo de três quilos. O resultado não podia ser melhor: Alice nasceu com 3,575 quilos e Antonella, com 3,630 quilos.

Além da dieta, outro grande cuidado que tive nas duas gravidezes foi em relação à circulação, já que tive problema de vasinhos nas pernas e dores no ciático. Para amenizá-los, fiz uso de óleos para o corpo, vitamina E, cremes e, sobretudo, pratiquei exercícios físicos. É essencial fazer uma atividade adequada à capacidade de cada gestante, pois uma mulher que não tem o hábito de se exercitar sofre muito mais nesse período. Não precisa virar "rata de academia"; basta recorrer a atividades como ioga e alongamentos para sentir melhora no bem-estar.

> **É ESSENCIAL FAZER UMA ATIVIDADE ADEQUADA À CAPACIDADE DE CADA GESTANTE, POIS UMA MULHER QUE NÃO TEM O HÁBITO DE SE EXERCITAR SOFRE MUITO MAIS NESSE PERÍODO.**

Descanso também é fundamental, lindona. Depois do almoço, em casa ou no trabalho, dê a si mesma um sossego de vinte minutos. Se puder, coloque as pernas para cima, alongue-se um pouco, tome um suco, tire até mesmo aquele soninho da beleza de vez em quando. Mas não é para fazer do descanso uma desculpa para ficar preguiçosa, viu? Sou contra essa conversa de dormir a tarde toda, porque, quanto mais tempo você passa deitada, mais cansada fica. O que eu aconselho é fazer coisas que a

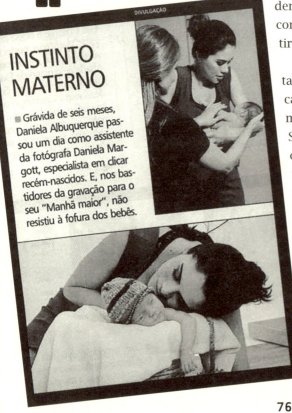

INSTINTO MATERNO

■ Grávida de seis meses, Daniela Albuquerque passou um dia como assistente da fotógrafa Daniela Margott, especialista em clicar recém-nascidos. E, nos bastidores da gravação para o seu "Manhã maior", não resistiu à fofura dos bebês.

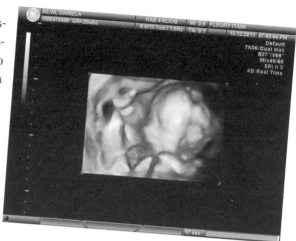

deixem relaxada. Uma distração que acho maravilhosa é arrumar as coisas no quarto do bebê. Eu adorava passar aquele tempinho gostoso lavando e deixando de molho as roupas das minhas filhas. Isso me desligava da loucura de focar no trabalho e me permitia mergulhar nesse universo gestacional para viver a história do bebê.

Lembre-se: gravidez não é doença. A não ser que o médico exija repouso, você deve se manter ativa. Estou falando de bater perna mesmo; ir ao shopping fazer compras, visitar as amigas, fazer um lanche fora. No sexto mês das minhas duas gestações, eu trabalhava, fazia caminhada com as minhas amigas e andava com a mesma agilidade delas, nem parecia que estava grávida. Com essa história de trabalhar e fazer tanta coisa, você não fica abatida. E sabe o que é melhor? Quando você está ocupada desse jeito, não pensa em bobagens nem come porcaria.

ETERNIZANDO EM IMAGEM

No sexto mês, uma dica que dou para as gravidinhas é realizar o ensaio fotográfico. Nessa fase, a silhueta da gestante fica muito bonita e ostenta o tamanho ideal para esse importante registro. Porém, é preciso ficar atenta: como há muitos lugares que oferecem este tipo de trabalho, você deve pesquisar o profissional de maior confiança.

Um registro que não pode faltar é o dos sapatinhos sobre sua barriga, especialmente ao levarmos em conta que, a essa altura, você estará com o enxoval quase pronto. Outra coisa indispensável é a presença do seu companheiro no ensaio; afinal, é nessa fase que a mulher se mostra mais vulnerável, e a sensação de segurança proporcionada por alguém que a ama se torna mais importante.

Se você estiver em sua segunda gravidez, é importante envolver o primeiro filho no ensaio, porque assim a criança se sentirá especial e se acostumará com a ideia de ter um irmão ou uma irmã. Digo isso por experiência própria: quando estava grávida da Antonella, fiz questão de que Alice participasse; ela tirou fotos beijando a minha barriga e em momentos afetuosos comigo e Amilcare, como um piquenique. Quando Alice olha essas fotos, ela reconhece uma parte de sua história, perguntando-se "como a irmãzinha cabia dentro da minha barriga naquela época". Além de envolver Alice nesse momento importante da família, minha intenção também foi permitir que Antonella visse no futuro como era desejada e querida.

ERA MARAVILHOSO SENTIR COMO A MÚSICA NOS RELAXAVA. ELAS TAMBÉM GOSTAVAM DE UMA BOA CONVERSA; ANTONELLA, EM ESPECIAL, MEXIA-SE MUITO QUANDO OUVIA A VOZ DO PAI, O QUE ME DEIXAVA FASCINADA.

O SOM AO REDOR

Minhas meninas gostavam de música desde quando estavam em minha barriga. Quando eu fazia teatro, por exemplo, Alice interagia muito nas aulas de canto e piano. Recordo que meus colegas de turma vinham segurar na minha barriga, e parecia que a minha filha agia como um maestro dentro de mim. Quando cantávamos, ela ficava ainda mais animada. Era emocionante sentir aquela resposta imediata à música.

Durante minhas duas gravidezes, lembro também que Neto, filho do meu marido, tocava violão quando chegava em casa no final da tarde apenas para ver como as meninas reagiam aos sons. Era maravilhoso sentir como a música nos relaxava. Elas também gostavam de uma boa conversa; Antonella, em especial, mexia-se muito quando ouvia a voz do pai, o que me deixava fascinada. Acredito que esses estímulos sejam essenciais para criar uma conexão entre a criança e o mundo exterior. Meu conselho? Converse com seu bebê, toque músicas agradáveis e calmas para que ele fique tranquilo e curta esses momentos ao máximo.

DANI E ELAS

DICAS DA DANI

- Não deixe de admirar uma paisagem, comer uma fruta fresquinha no pé, curtir uma música gostosa – a gente tem que aproveitar muito bem cada momento da gestação. Veja meu caso: eu adorava ouvir piano em casa, sentir o ar puro durante uma caminhada, passar um tempo na horta, andar de chinelo. Faça tudo o que te dê um prazer fácil e, é claro, inofensivo;

- Não me venha com modéstia: grávida tem que ser mimada! Nada de pegar fila e passar perrengue desnecessário. Tenha orgulho desse seu barrigão de sexto mês e exija nada menos que bajulação;

- Calma, lindona! Essa ansiedade que você está sentindo é normal, principalmente se for sua primeira gestação. Eu sofri na gravidez da Alice pela nova experiência a ser enfrentada. No sexto mês, minha obsessão era deixar o quartinho pronto para a chegada dela. Só descobri mais tarde que isso tem até nome: síndrome do ninho arrumado. Você quer deixar tudo limpo e arrumado, mas acaba exagerando na dose. Com o conhecimento desse problema, aprendi a me controlar e me senti mais segura na segunda gravidez. Agora, por experiência, digo: desencana um pouco;

- Sabe quando você está com aquela azia? Nada melhor que um suco verde para acalmar. Ah, e não se esqueça: nada de fermentados, porque eles só pioram a bendita!

7º MÊS

25 a 28 semanas

O SÉTIMO MÊS é um período de alerta para o parto prematuro. Se você estiver com dores na parte de baixo das costas ou apresentar uma urina de coloração rosada, entre em contato com seu médico o mais rápido possível.

NESSE PERÍODO, o sistema respiratório do bebê ainda está em processo de desenvolvimento.

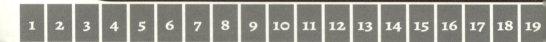

A ESTA ALTURA, é possível que o bebê esteja atravessado ou sentado, mas não há motivo para preocupação. Ele ainda conseguirá se mover na hora H.

NESSE PONTO DA GESTAÇÃO, é comum que o bebê já esteja pesando, em média, 1,2 quilos. Não se alarme, porém, se sua criança apresentar números diferentes. Cada neném tem seu tempo.

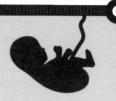

AS CÃIBRAS NÃO dão sossego nessa fase da gestação, sabemos bem. Por isso, atenção redobrada na alimentação!

JÁ FAZ ALGUMAS horas que seu bebê anda quieto demais? Calma. Ele está apenas tirando uma soneca. Por isso, é importante que você evite consumir muito sódio e cafeína, pois eles atrapalham o descanso do bebê.

É NORMAL VOCÊ SENTIR cada vez mais intensamente os sintomas da gravidez. Mas não se preocupe! Converse com seu médico sobre esses desconfortos para que ele te mostre as melhores formas de aliviá-los...

...PORÉM, NÃO USE SEU tempo precioso com o médico apenas para falar do "lado ruim". Aproveite também para tirar todas as dúvidas sobre o parto e aliviar suas aflições. Nessa fase, é essencial buscar serenidade.

| 22 | 23 | 24 | 25 | 26 | 27 | 28 | 29 | 30 | 31 | 32 | 33 | 34 | 35 | 36 | 37 | 38 | 39 | 40 |

> Você está entrando no último trimestre de gestação, portanto é essencial não faltar às consultas do pré-natal. Somente o médico é capaz de identificar situações de risco, assegurando uma gravidez saudável e tranquila.

Embarquei no sétimo mês das minhas gestações com aquela preocupação especial quanto à alimentação. Como desenvolvi a diabetes gestacional durante a gravidez da Alice e temi que o mesmo ocorresse enquanto esperava Antonella, optei por cortar o açúcar. O sal também não escapou de nossa "caça às bruxas"; em casa já usávamos o sal do Himalaia, considerado menos agressivo em relação ao tradicional, e em quantidades pequenas por conta das restrições alimentares do meu marido, mas mesmo assim controlei ainda mais seu uso para passar longe de problemas, como pressão arterial e inchaço no corpo. A essa altura, a gente não pode dar mole com excessos, viu?

A dieta controlada, além de seus benefícios óbvios à saúde, fez com que eu não sofresse com algo que as grávidas geralmente sentem: falta de equilíbrio. Sentia-me bem mesmo usando salto alto com frequência e continuando meu ritmo normal de trabalho e exercícios físicos dentro das minhas possibilidades. A ginástica era uma atividade tão importante para meu bem-estar que, quando não a praticava, tinha a sensação de estar pesada. No entanto, é importante lembrar: como as articulações das grávidas ficam bem molinhas, elas estão mais propensas a torcer o pé, portanto ande com cautela e não faça nenhuma estripulia. O ideal nessa situação é utilizar sapatos mais confortáveis como sapatilhas, tênis, rasteirinhas ou, se estiver em casa, simplesmente ficar descalça. Quanto à má circulação sanguínea, recomendo por experiência própria

o uso de bons cremes para relaxar, drenagem linfática e hidro-ginástica, bem como o bom e velho truque de colocar as pernas para cima.

Outros dois sintomas que ainda me acometiam com frequência nessa fase em ambas as gravidezes eram a vontade de fazer xixi a toda hora e o calor. Lembro quando visitava a casa das pessoas para a atração *Sob Medida* e logo pedia para ir ao banheiro antes de qualquer papo. O calor, por sua vez, era ainda mais cruel; dizem que as grávidas sentem calor por dez pessoas, e cá estou eu para comprovar. Nunca gostei de dormir com o ar-condicionado ligado, mas com a alteração dos hormônios não via alternativa nesse período senão sucumbir ao friozão de geladeira.

O sétimo mês atiçava, sobretudo, minha ansiedade. E para ajudar estávamos de mudança. Fiquei numa aflição tão grande na gestação da Alice que acabei me irritando com a obra. Certa vez, quando cheguei na minha nova casa, notei problemas no teto e senti um forte cheiro de gesso no ar. A situação piorou quando fui tentar pegar um copo d'água e encontrei a geladeira interditada e coberta por uma lona preta. Podia até ser bobagem, mas chorei copiosamente ao ver aquilo. Fiquei brava com o meu marido, pois não queria passar por tamanha angústia naquele momento da gravidez. Depois me acalmei aos poucos e percebi que se tratava de algo passageiro.

Com o parto se aproximando e os preparos finais do quartinho do bebê, sentia-me agitada e não conseguia dormir as oito horas recomendadas. No caso da Alice, a minha ansiedade também se devia aos sonhos frequentes que tinha com ela. Sonhava que a amamentava e sentia aquela sensação muito boa; depois, mais ou menos no oitavo mês, comecei a sonhar com ela maiorzinha e, mais tarde, que ela sorria para mim mostrando suas duas covinhas nas bochechas. Era um sorriso tão cativante. Para mim, reconhecer hoje o mesmo rostinho lindo que via em meus sonhos é prova da existência de uma força maior. Estava muito tranquila quanto à ideia de me tornar mãe e trabalhei meu psicológico na gravidez da Alice de tal forma que, na gestação da Antonella, sentia-me pós-graduada em gravidez.

> **PARA MIM, RECONHECER HOJE O MESMO ROSTINHO LINDO QUE VIA EM MEUS SONHOS É PROVA DA EXISTÊNCIA DE UMA FORÇA MAIOR.**

Os sonhos com minha segunda filha foram mais misteriosos. Como ainda não sabia o sexo do bebê, sonhava apenas com suas costinhas e pezinhos batendo sob o sol. Senti até mesmo que tive uma espécie de conversa com Deus, em que Ele também não me revelava se teria um menino ou uma menina. Nessa época, por conta do formato pontudo da minha barriga, as "comadres" afirmavam que eu teria um garoto. Essa especulação me incomodava, mas eu não dizia nada. No fundo, não queria me deixar levar por esses papos porque desejava manter a surpresa que Deus estava preparando para mim.

A ESCOLHA DO PARTO

Desde o início da minha primeira gravidez, sempre falava para a minha médica que queria ter um parto normal. Muitas mulheres têm medo desse tipo de parto por receio da dor, mas, a não ser que seja por exigência médica devido a um risco à saúde da mãe ou do bebê, é importante lembrar que esse procedimento é o mais natural e saudável para a criança. Assim, é fundamental que você converse com seu obstetra sobre o que acha melhor para si e sinta-se confiante com sua escolha. Como conselho, digo que você deixe para o sétimo mês a tomada dessa decisão. Afinal, é nesse período que você começa o treinamento para o parto e, por consequência, amadurece suas ideias a respeito do grande dia.

GUARDAR E CUIDAR

Aqui não tem essa história de desperdício, hein? Se você pensa em ter mais de um filho, deve reaproveitar alguns itens de sua primeira gravidez para não sair por aí gastando dinheiro à toa. Quando estava no sétimo mês da gravidez da Antonella, comecei a preparar o seu quartinho reaproveitando o mesmo berço da Alice. Como não sabia ainda o sexo da criança, coloquei apenas um estofado com a letra "A". Se fosse menina, seria Antonella; se menino, Arthur. Esse pequeno toque na decoração deu outra cara ao móvel. As roupinhas antigas da minha primeira menina tampouco escaparam; guardei muitas peças pensando lá na frente.

Ainda sobre as roupinhas de bebê, é importante que elas estejam preparadas para vestir seu bem mais precioso. Retire as etiquetas que possam machucar o neném, lave as peças com sabão de coco e evite o uso do amaciante. Assim que as roupinhas estiverem secas e passadas, separe as que você tem certeza de que usará quando o bebê nascer e programe os "looks" até o sexto mês de vida. Quer deixar essa atividade gostosa ainda mais especial? Chame seu companheiro ou o filho mais velho para ajudá-la. Pedi à Alice que me ajudasse para que ela não sentisse ciúmes, e ela não só me deu a maior força como achou o máximo dividir aquele momento comigo.

- Conheço bem a cena: madrugada, bebê mexendo na barriga e aquela vontade de beliscar alguma coisinha. Lindona, nesse caso coma algo "inofensivo", como uma gelatina ou umas bolachas de aveia. Para mim, isso agia como um sonífero. Isso acontecia com frequência na gravidez da Antonella, o que talvez explique a razão de ela ser hoje a mais fominha da casa;

- Calma, menina! Sei que muita gente faz a mala da maternidade no sétimo mês, mas você realmente quer deixá-la fechada esse tempão? Nem pensar, né? Deixe essa tarefa para o nono mês. Por enquanto, só verifique se já tem tudo de que o bebê vai precisar usar;

- Quando a pele estica durante a gravidez, você sente aquela coceirinha irritante. Para amenizá-la, use óleos com vitamina E recomendados por um dermatologista. Também evite os banhos quentes, que podem ressecar ainda mais sua pele.

8º MÊS

29 a 32 semanas

SEU BEBÊ já está bem grande para se mover, mas ainda pode chutar e girar, permitindo que você distinga qual parte do corpo ele está acertando e monitore seus movimentos contando os chutes.

NO OITAVO MÊS, é muito comum ver grávidas sentadas totalmente curvadas. Embora seja difícil evitar essa postura nesta fase, procure posicionar-se sempre de maneira correta para prevenir possíveis dores nas costas.

NÃO EXISTE UMA BARRIGA igual à outra; tudo depende do tipo físico da mulher, do aumento de peso durante a gravidez e do tamanho do bebê.

OS SEUS CUIDADOS com a alimentação devem se manter rigorosos no oitavo mês, já que o bebê exige altas quantidades de nutrientes. Foque no consumo das vitaminas A e C, do cálcio e do ferro.

AO FINAL DO OITAVO mês de gestação, temos um pãozinho quase pronto para sair do forno! O feto deve pesar em torno de 2 quilos.

PENSANDO EM VIAJAR? É melhor deixar a ideia de lado por ora. Além do cansaço que os meios de transporte causam, esse ponto da gravidez exige que a mulher se mantenha próxima de sua maternidade para o caso de emergência.

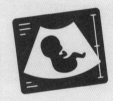

AO FINAL DO OITAVO MÊS, suas visitas ao obstetra tornam-se semanais. A partir dos ultrassons e exames de toque, você e seu médico já têm uma ideia clara se o parto poderá ser normal.

| 22 | 23 | 24 | 25 | 26 | 27 | 28 | 29 | 30 | 31 | 32 | 33 | 34 | 35 | 36 | 37 | 38 | 39 | 40 |

Nessa fase, seu bebê já está com quase todos os órgãos funcionando e ostenta uma audição bastante desenvolvida, o que lhe permite perceber melhor os sons mais graves. Com menos espaço no ventre, ele começa a se posicionar de cabeça para baixo e assume uma posição mais confortável, que manterá até a hora do nascimento.

No oitavo mês, as sensações de cansaço e calor eram quase tão grandes quanto minha barriga. Como estava perto de dar à luz, chegava até mesmo a sentir falta de ar. O que me ajudou muito foi me manter ativa, porque, quanto mais sedentária é a gestante, maior é a indisposição. Obviamente, não é porque você faz alongamentos ou pratica ioga que será imune à dor; tive problemas no nervo ciático e sentia fisgadas quando me levantava. Mas, se não fossem essas atividades, mal posso imaginar como meu corpo reagiria. Portanto, vamos mexer esse esqueleto, lindona! Eu te garanto: no final do dia, nenhuma sensação será melhor do que tomar aquele banho refrescante e relaxar com as pernas pra cima.

Na hora de dormir, ambas as minhas filhas adoravam fazer aquela farra dentro da minha barriga, o que dificultava o meu sono. Lembra quando disse anteriormente que costumava levantar de madrugada para beliscar alguma coisa? Era só dessa forma que minhas meninas, especialmente Antonella, acalmavam-se e me deixavam dormir. Além da atividade das bebês, o que também me mantinha acordada eram minhas idas constantes ao banheiro. Não estou exagerando: acho que cheguei a ir vinte vezes por dia. Quando finalmente deitava, achava difícil encontrar uma posição confortável e contava com a ajuda de alguns travesseiros para ficar com as pernas para o alto. Apesar de todos esses probleminhas, eu gostava do fato de estar grávida. Nunca vi essa condição como

um peso e mal podia esperar para ver os rostinhos das minhas pequenas. Sentir aquela sensação de ter aquele ser tão próximo de você, de ver aquele barrigão com o bebê se mexendo, compensa qualquer sofrimento. Na verdade, quando estava bem próxima de ganhar as meninas, pensava: "Nossa, daqui a pouco meu neném não estará mais dentro de mim". Eu gostava de ver a minha barriga, passar creme nela, ver a evolução da gestação. Naquele momento, viviam em mim dois sentimentos: ao mesmo tempo em que ansiava por segurar o bebê nos meus braços, me sentia melancólica pela falta que me faria aquela saliência maravilhosa. Só mesmo uma grávida pode entender o que é isso.

Em relação ao meu peso, o ganho de aproximadamente treze quilos na minha gestação foi considerado o ideal para diminuir a chance de ganhar estrias e garantir a saúde. Obviamente, cada caso é um caso e somente seu médico pode dizer o que é apropriado para você. "Se você não engordar muito, logo mais entrará na sua calça jeans", dizia minha médica. Confesso que levava alguns puxões de orelha quando ela notava que eu havia engordado por conta dos doces. Em alguns meses, tive picos de ganho de peso, mas me segurava um pouco para não engordar mais. Assim, consegui me controlar de tal forma que as pessoas às vezes me olhavam e diziam: "Nossa, essa mãe é tão magrinha, o bebê vai nascer raquítico". Engano delas; minhas bebês nasceram bem fortes por conta da minha alimentação saudável. O bebê é tão inteligente que percebe quando você está comendo porcaria. Assim, enquanto a mãe aumenta de tamanho, o bebê continua menor por não aceitar comer a famigerada comida de fast-food. Ao tomar as rédeas do que comia, percebi que minha recuperação pós-parto foi mais rápida do que esperava e pude concentrar meus esforços no que mais importava: ser mãe.

NÃO ME VENHA COM CONVERSINHA!

Mamães e futuras mamães, tomem muito cuidado com os papinhos furados que surgem por aí. Vou falar sobre duas situações que aconteceram comigo para ilustrar a importância do conhecimento para combater a desinformação. Entre os vários exames que fazemos durante a gestação, existe um que investiga a presença de uma certa bactéria comum em grávidas. Segundo uma amiga, ela foi impedida de realizar o parto normal quando essa bactéria foi detectada, para impedir que esse microrganismo fosse transmitido ao bebê na hora do nascimento. Pois a verdade é que não só existe uma vacina específica para a tal bactéria como ela é extremamente eficaz em seu combate, o que me revoltou acerca de tamanho descaso. Lembro até mesmo que tomei esse medicamento junto ao soro na gravidez da Alice e tudo correu tranquilamente. Por isso, é fundamental poder contar com um médico experiente e de confiança.

O outro caso ocorreu durante o curso de pais. Quando meu marido questionou que dor se comparava à do parto, ouvimos da anestesista que era como "arrancar um dedo friamente". Essa resposta absurda só serviu para deixar as grávidas ali presentes mais assustadas e propensas a escolher uma cesariana. Na hora do cafezinho, fiz questão de relatar a experiência da minha família. Todas as mulheres haviam tido parto normal em casa. Disse às meninas que na roça não havia tantos recursos para as pessoas mais humildes e que quando a mulher tinha uma contração muito forte na hora de dar à luz conseguia controlar a dor por meio da respiração. Além disso, também as lembrei de que hoje em dia podíamos contar com a anestesia para ter um parto normal sem dor, bem como praticar atividades como ioga para nos prepararmos. Com base nessas informações e com meu incentivo, algumas mulheres que tinham ficado assustadas optaram pelo parto normal, treinando e aprendendo a

controlar a respiração. Foi um feito! Fiquei feliz por ter tirado aquele "monstro" da cabeça delas, que me agradecem muito até hoje. Informação é poder, lindonas. Saiba usá-la a seu próprio favor e ao do próximo.

... E O CURSO RENDEU!

Apesar da experiência chata que acabo de relatar, o curso de pais rendeu aprendizados valorosos. Aprendi, por exemplo, a dar banho no bebê sem deixar ele sentir frio. Em primeiro lugar, coloque algodão no ouvido da criança para não deixar entrar água. A seguir, enrole o bebê na toalha como um "charutinho". Molhe três chumaços de algodão na banheira e comece a limpar os olhos do bebê usando um algodão diferente para cada olho. Passe o terceiro algodão molhado no rostinho do bebê. Na sequência, comece a lavar a cabecinha, segurando o pacotinho embrulhado junto ao seu corpo. Por fim, seque a cabeça e desembrulhe o bebê para então banhá-lo de frente e de costas, apoiando-o em seu braço.

Outro ensinamento importante do curso diz respeito às contrações de Braxton Hicks. Segundo o médico inglês que deu nome ao fenômeno, se a gestante agacha ou faz qualquer tipo de esforço como subir uma escada, a barriga fica dura na hora, mas a contração passa logo depois. Por consequência, muitas mulheres pensam que estão entrando em trabalho de parto ao sentirem esse efeito enganador. Assim, o curso também esclarece que as contrações de um verdadeiro trabalho de parto

têm uma frequência regular, geralmente de dez em dez minutos. Não é perfeita a criação divina? Deus já vai nos preparando para não levarmos um susto na hora do parto.

Caso você tenha alguém para ajudá-la com o bebê, é importante que essa pessoa a acompanhe no curso, aprendendo com você e se alinhando à sua maneira de cuidar, evitando futuros conflitos. Ah, e mais uma coisa: procure ter essas aulas em uma época próxima ao nascimento. Se você fizer o curso muito no início da gravidez, não se lembrará de muitos detalhes. Ou você já esqueceu que toda grávida fica desmemoriada?

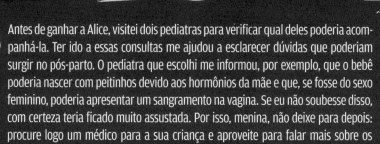

Antes de ganhar a Alice, visitei dois pediatras para verificar qual deles poderia acompanhá-la. Ter ido a essas consultas me ajudou a esclarecer dúvidas que poderiam surgir no pós-parto. O pediatra que escolhi me informou, por exemplo, que o bebê poderia nascer com peitinhos devido aos hormônios da mãe e que, se fosse do sexo feminino, poderia apresentar um sangramento na vagina. Se eu não soubesse disso, com certeza teria ficado muito assustada. Por isso, menina, não deixe para depois: procure logo um médico para a sua criança e aproveite para falar mais sobre os detalhes da maternidade;

No oitavo mês, é geralmente possível ver com maior precisão os movimentos do bebê. Trata-se da oportunidade perfeita para gravar um vídeo da criança chutando para guardar como recordação dessa época tão especial. Não deixe também de registrar em uma foto junto com seu parceiro esse momento maravilhoso;

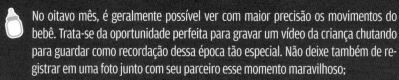

Interaja com seu bebê sempre que possível. Quando estiver no banho ou passando um creme no corpo, converse com sua criança ou coloque alguma música para estimulá-la. A resposta é sensacional. Procure também fazer massagens leves que relaxem sua barriga, encorajando o bebê a chutar para tornar o contato entre ambos cada vez mais forte.

9º MÊS

33 a 40 semanas

COM A QUEDA DO VENTRE, que ocorre quando a cabeça do bebê começa a se insinuar na bacia, você sente sua respiração melhorar e a pressão no estômago diminuir. Seu estoque de energia está indo para o bebê, que cresce sem parar. Reduza o ritmo das atividades e durma ao menos oito horas por noite.

NAS ÚLTIMAS SEMANAS, você poderá sentir maior regularidade das contrações de Braxton Hicks, o que indica que você está próxima do trabalho de parto.

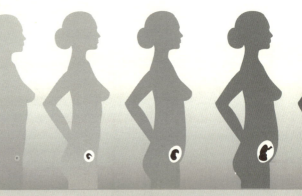

NESTA FASE, A ATENÇÃO E A MEMÓRIA das gestantes tendem a piorar, especialmente após o parto. Não fique com vergonha caso cometa um ato falho, como pensar em uma coisa e dizer outra.

| 1 | 2 | 3 | 4 | 5 | 6 | 7 | 8 | 9 | 10 | 11 | 12 | 13 | 14 | 15 | 16 | 17 | 18 | 1 |

NESSE MEIO-TEMPO, você deve garantir que a gestante se sinta confortável e tranquila. Seja prestativo e fique atento a todas as necessidades da mulher enquanto se certifica de que está com todos os documentos necessários.

SE O CASAL optou pela cesariana, não vai precisar passar por uma correria maluca, mas em caso de ir ao hospital às pressas, tenha a certeza de que está no controle de todos os preparativos para o grande momento.

... PORTANTO, FUTURO PAPAI, essa é para você: mantenha a calma, respire fundo e se concentre. Anote a frequência e a velocidade das contrações em um papel ou no celular e mantenha o médico informado sobre cada novo evento.

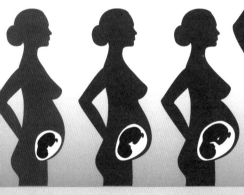

PARA ALGUMAS MULHERES, o parto ocorre de forma natural até a 40ª semana. Caso isso não aconteça com você, é provável que o obstetra recomende uma cesariana.

O ORGANISMO da mãe avisará quando o bebê estiver pronto para nascer, mas quando a mulher entrar em trabalho de parto, o pai deve deixar a situação o mais tranquila possível para sua parceira...

| 23 | 24 | 25 | 26 | 27 | 28 | 29 | 30 | 31 | 32 | 33 | 34 | 35 | 36 | 37 | 38 | 39 | 40 |

Chegamos ao final da gestação, e seu bebê está aguardando o momento para nascer. Devido à falta de espaço, os movimentos fetais diminuem, mas ainda estão presentes. Caso você note que a criança não se mexe há um bom tempo, avise seu médico.

O nono mês. Que frio na barriga, não é? A partir dessa fase, toda semana você deve encontrar seu obstetra para checar o nível do líquido amniótico, determinante para a permanência saudável do bebê dentro de sua barriga. Conforme a data do parto se aproxima, o líquido pode diminuir e deixar seu filho em sofrimento, de forma que você deve fazer exames de ultrassom e de toque para acompanhar o estado da criança.

Nesse mês, o bebê desce um pouco no ventre, o que ameniza a pressão sobre o diafragma e, consequentemente, traz uma sensação de alívio para a grávida. Afinal, quando a barriga está muito grande, a gente sente uma leve falta de ar. Ainda falando sobre conforto, os travesseiros são seus grandes aliados na hora de dormir. Como é difícil encontrar uma posição confortável para se deitar com todo o tamanho do barrigão, os travesseiros podem ser posicionados entre suas pernas para ajudar a dormir de lado.

Na gravidez da Antonella, por volta da 36ª semana, comecei a sofrer de hemorroida. De início, não dei muita importância. Com 38 semanas, porém, enquanto estava sozinha com Alice em uma minifazenda para passar um tempo a sós com ela antes da chegada da irmãzinha, senti uma dor insuportável que não me deixava ficar sentada. Ao chegar em casa, liguei para minha médica para alertá-la sobre este problema e ela me recomendou que usasse uma pomada no local e fosse ao seu

consultório na segunda-feira seguinte. No dia da consulta, ela ficou impressionada ao descobrir que se tratava de uma hemorroida trombosada. Para tratá-la, recorri a métodos naturais como banhos de assento em água morna, compressas de chá de camomila e pomadas. Quanto aos esforços físicos, tive que pegar muito leve, até mesmo para não acelerar o trabalho de parto. Interrompi todas as minhas atividades físicas na época, inclusive as caminhadas de quarenta minutos para acelerar a dilatação para o parto normal. Esse resguardo foi necessário para curar a hemorroida antes de dar à luz; do contrário, teria muita dificuldade para administrar as dores durante as contrações.

Mesmo com tudo isso, a essa altura me sentia zen. Havia me condicionado a evitar a ansiedade, pois achava que podia transmitir esta sensação ruim ao bebê. Assim, achava engraçado perceber que as pessoas à minha volta ficavam ansiosas no meu lugar, temendo que eu viesse a ter a criança a qualquer momento. Muitas mulheres até sentem-se irritadas nessa fase, especialmente com o marido, mas eu me sentia mais serena do que agora. Em contrapartida, a sensibilidade ficou daquele jeitinho. Qualquer coisinha me fazia abrir o berreiro. Ao mesmo tempo, sentia-me num chamego só com o Amilcare, mais apaixonada pelo meu companheiro de vida do que nunca. Ele estava sempre ao meu lado, acompanhando as consultas do pré-natal junto comigo, fazendo-me sentir muito protegida. Aquela sensação de acolhimento era reforçada pelos outros filhos do meu marido, que sempre compartilhavam a nossa alegria quanto à chegada das meninas. Certa vez, chegamos até mesmo a levá-los para um exame de ultrassom, e eles foram fundamentais em nos ajudar a cuidar da Alice para que ela não se sentisse deixada de lado na gravidez da Antonella. Sinto uma gratidão enorme por ter contado com uma família tão maravilhosa durante esses momentos tão cruciais da minha vida.

E agora chegou o momento de falar daquela hora tão esperada!

> **MESMO COM TUDO ISSO, A ESSA ALTURA ME SENTIA ZEN. HAVIA ME CONDICIONADO A EVITAR A ANSIEDADE, POIS ACHAVA QUE PODIA TRANSMITIR ESTA SENSAÇÃO RUIM AO BEBÊ.**

ALICE

Alice quase veio ao mundo sem ver, entre os primeiros rostos, o de seu pai. Isso porque Amilcare tem trauma de hospitais. Tendo perdido os pais antes dos 23 anos e, pouco tempo depois, sua querida avó, meu marido se tornou muito sensível a esse ambiente. Ainda assim, conversei com ele dizendo que seria muito importante para mim que ele estivesse ao meu lado na hora do parto e cortasse o cordão umbilical. Brincava que, se ele havia estado na concepção, tinha que estar na contração! Pouco a pouco, consegui transmitir a ele segurança o suficiente para que decidisse ficar comigo. Posteriormente, minha médica conversou bastante com o Amilcare, dando a ele até mesmo um kit para ensaiar o corte do cordão e "entrar no ritmo" do grande momento.

No sábado daquele memorável final de semana, acordei de manhãzinha para ir a um casamento em São Paulo. Fiquei muito emocionada com o amor entre o casal de noivos, como se estivesse pressentindo a chegada da minha filha. Com as emoções à flor da pele, sentia o coração pulsando forte e o bebê mexendo muito. Depois do casamento, voltei para casa com a intenção de descansar. No entanto, danada que sou, não consegui me desligar e fiquei a tarde toda colando fotos no livro do bebê. À noite, enquanto assistia a um filme com meu marido, senti a barriga disparar. A partir daí, passei a lembrar da explicação sobre contrações que recebi durante o curso de pais. Elas começam com intervalos de dez minutos de duração e, um tempo depois, os intervalos duram mais ou menos um minuto. É quando começam a entrar numa sequência que se tem início o trabalho de parto. Preocupados com a frequência das contrações, ligamos para minha médica, que me recomendou tomar um banho quente e ficar de cócoras no chuveiro para que a água caísse nas minhas costas e me relaxasse. Após seguir a recomendação, encontrei minha obstetra, que constatou três dedos de dilatação. Perguntei a ela se podia comer algo naquele momento, pois ainda não havia jantado. Ela permitiu algo leve, como uma canja, e me pediu que voltasse para uma nova análise.

> **FIQUEI MUITO EMOCIONADA COM O AMOR ENTRE O CASAL DE NOIVOS, COMO SE ESTIVESSE PRESSENTINDO A CHEGADA DA MINHA FILHA. COM AS EMOÇÕES À FLOR DA PELE, SENTIA O CORAÇÃO PULSANDO FORTE E O BEBÊ MEXENDO MUITO.**

Confesso que fiz uma loucurinha nessa hora. Fui jantar em um restaurante no Itaim naquelas condições, minha gente. Para completar, um médico na minha mesa disse que eu devia estar próxima de dar à luz. Esse comentário me fez rir por dentro; imagine se ele soubesse a verdade! Na volta do restaurante, paramos no escritório de Amilcare e aproveitei para descansar um pouco, já que havia acordado muito cedo para o casamento. Isso resultou num puxão de orelha da minha obstetra; como, afinal de contas, podia arranjar tempo para descansar num momento como aquele? Apesar da bronca, ela não escondia sua admiração com minha força. Na volta ao consultório, a médica constatou que minha dilatação havia aumentado quatro dedos. Era hora de correr para a maternidade.

No caminho, Amilcare estava com a adrenalina à toda, mas conseguiu manter-se calmo enquanto dirigia. Mais tarde, ele me disse que passei muita tranquilidade e segurança a ele ao agir naturalmente, contando minhas piadas e dando risada. Falando em coisas engraçadas, você acredita que, a princípio, me recusei a sentar na cadeira de rodas que me ofereceram na maternidade porque me achava em perfeita capacidade de andar? Amilcare ri dessa minha teimosia até hoje. Conforme a dor aumentava, tentava manter cada vez mais uma reação positiva, entretendo a mim mesma e aos demais. Minha médica dizia que eu devia me sentir à vontade para exteriorizar a dor que sentia, mas respondia cheia de graça que era uma dama e não podia gritar feito louca pelos corredores.

> **NA SALA DE PARTO, TENTAVA RELAXAR NA BANHEIRA E POR MEIO DE ALGUMAS TÉCNICAS DO PILATES ENQUANTO CONTROLAVA A DOR DAS FORTES CONTRAÇÕES COM MINHA RESPIRAÇÃO.**

Enquanto Amilcare cuidava da parte burocrática da internação e pedia que sua secretária avisasse nossa família sobre o trabalho de parto, eu era levada ao quarto e colocada no soro. Já eram três da manhã quando apresentei quase oito dedos de dilatação. Na sala de parto, tentava relaxar na banheira e por meio de algumas técnicas do pilates enquanto controlava a dor das fortes contrações com minha respiração. Era preciso fazer com que minha bolsa estourasse, e o melhor jeito que encontrei de forçar tal ação se deu com o auxílio das minhas inspirações e expirações.

Um pouco mais tarde, minha irmã chegou à maternidade com uma fotógrafa para registrar o nascimento da Alice. A presença delas ao lado da minha obstetra, a quem sou muito grata, tornou meu parto muito humanizado. Havia preparado até mesmo uma seleção de músicas para aquele momento único. Minhas contrações tinham intervalos cada vez menores e me preparavam para o grande momento. Em dado período, porém, a queda da dilatação tornou necessária a intervenção da minha médica. Embora quisesse que meu parto fosse o mais natural possível, a doutora precisou virar a cabecinha da Alice para ajudar no trabalho de parto. Como se tratava de uma manobra muito dolorida, já que consistia em introduzir sua mão até o útero em meio às fortes contrações, a médica sugeriu que eu aceitasse um mínimo de anestesia após três tentativas dolorosas. Nesse momento, senti um leve desespero ao pensar que meu parto poderia terminar em cesariana e acabei perdendo um pouco do controle da situação. Porém, a experiência e o domínio emocional da doutora Cristina me fizeram retomar a tranquilidade. Assim que ela girou a cabecinha da bebê, senti as três contrações finais. Alice veio ao mundo envolvida em um ambiente de muita emoção sob a voz de Andrea Bocelli, que cantava "Vivere". Foi uma coisa de Deus.

Minha primogênita nasceu com 3,575 quilos e 50 centímetros às 8h18 do dia 22 de abril de 2012. Numa escala de zero a dez que mede a qualidade dos nascimentos, a nota da Alice foi dez. Enquanto escrevo, sinto como se tivesse acabado de vivenciar toda essa história. Além do bem maior que foi carregar uma vida, o fiz ao lado de um marido que é, ao mesmo tempo, meu amigo e meu porto seguro. Me senti muito privilegiada por tê-lo ao meu lado a todo o momento, especialmente nos momentos mais sensíveis. Após essa experiência, Amilcare superou seu trauma de hospitais. Meu marido se provou guerreiro e, sobretudo, um grande companheiro e pai naquela nova e feliz família que nascia.

ANTONELLA

Antonella veio ao mundo sob a graça de Frei Galvão. Na época derradeira de sua gestação, em que estava lidando com o problema da hemorroida, decidi começar uma novena de Frei Galvão. Não sei se você crê em milagre, mas saiba que tenho muita fé. A prática se dá com três pílulas, tomadas no primeiro, quinto e nono dias de novena. Cada pílula é, na verdade, um papelzinho bem pequeno que contém a reza milagrosa do Frei, canonizado pela Igreja Católica. Acredite ou não, no dia em que tomei a primeira pílula, levantei às três da manhã com um sopro e notei que minha hemorroida estava muito menor. Após a segunda pílula, deu-se o mesmo fenômeno: acordei com aquele sopro familiar e, para minha surpresa, vi que estava completamente curada. A médica confirmou o diagnóstico e me liberou novamente a realizar as caminhadas. No último dia da novena, me senti esplêndida, repentinamente maravilhada com a gravidez. Achei que aquilo era um sinal. À noite, após o jantar, tomei banho, rezei e tomei a última pílula de Frei Galvão. Às três da manhã, acordei com Antonella anunciando a sua chegada.

Ainda fiquei alguns minutinhos deitada na cama para me certificar de que estava realmente sentindo as contrações. Assim que tive a certeza, acordei meu marido e disse: "My love, acho que o bebê vai nascer". Amilcare pulou da cama na maior ansiedade, mas, com minha costumeira calma, disse que ligaria para a médica para informar meu estado. Recebi as mesmas orientações da época da Alice: relaxar com a água quente do chuveiro antes de seguir para o consultório. No caminho, ouvimos algumas canções lindas que havíamos selecionado para entrar no clima. Quando encontramos a doutora, por volta das seis da manhã, ela constatou quatro dedos de dilatação. Ela pediu que eu ficasse por perto até a próxima checagem, então fui à cafeteria do prédio para tomar um breve café da manhã. Lá, as funcionárias me disseram que estavam vendo meu ensaio de grávida pela internet, e respondi que estava prestes a conceber meu segundo bebê. Elas me olharam com ar espantado e me deram os parabéns por me ver tão tranquila. Na volta ao consultório, já me encontrava com sete dedos de dilatação, o que causou um senso de urgência na médica. Vi que ela pegou uma sacola e colocou alguns instrumentos cirúrgicos com pressa. Indaguei no mesmo momento se o bebê poderia nascer no carro. Ela sorriu e respondeu que tudo podia acontecer. Percebi que Amilcare ficou assustado com a rapidez da minha dilatação. Eu acreditava que o bebê iria nascer rapidamente por se tratar da minha segunda gestação.

No caminho até a maternidade, liguei para pessoas próximas, incluindo minha irmã, minha amiga fotógrafa e Marquinhos, meu maquiador. Pedi que ele desse um trato no meu rosto, pois nas fotos do parto anterior estava com muitas manchas do melasma. Queria receber meu anjinho com um rosto menos manchado, e ele logo se prontificou a me

> **NO ÚLTIMO DIA DA NOVENA, ME SENTI ESPLÊNDIDA, REPENTINAMENTE MARAVILHADA COM A GRAVIDEZ. ACHEI QUE AQUILO ERA UM SINAL.**

deixar mais bonita nesse dia tão especial. Sentindo o aumento das contrações, liguei para minha mãe e para minha assessora, Cris Moreira, que se encarregou de cuidar da arrumação do quarto da maternidade.

Chegamos por volta das oito da manhã e fomos imediatamente ao pronto-atendimento. Minha médica explicou aos funcionários que a dilatação estava avançada e que eu deveria seguir diretamente para a sala de parto. Nesse meio tempo, Marquinhos chegou para aprontar minha maquiagem. Conforme eu sentia aquelas contrações enormes,

ele parava, esperava "a onda" passar e dava sequência. Fico com pena e vontade de rir ao mesmo tempo quando me lembro disso, porque meu querido amigo estava com um ar meio assustado me vendo naquele estado, pronta para parir. O coitado tem pavor de hospital. Deve ser coisa de sagitariano, sabe? Aquela deve ter sido a maquiagem mais rápida que já fizemos juntos, mas não havia tempo para dia de princesa.

Novamente, encontrava-me em uma cadeira de rodas repetindo as técnicas de respiração que havia aprendido na gravidez da Alice. Sabia que ficar calma era o segredo para controlar a dor. Na sala de parto humanizado, pratiquei técnicas de pilates por um tempo, usei a banheira quentinha e dei breves caminhadas no quarto. Quando minha médica fez um novo exame de toque, disse que eu não poderia mais andar. Em seguida, disse para Amilcare colocar as luvas, porque ele seria convocado pela segunda vez para cortar o cordão umbilical. Eu já estava com nove dedos de dilatação e não tinha recebido nenhuma anestesia.

Por um momento, fiquei ansiosa; havia lembrado daquela temida hemorroida. Senti medo ao imaginar ela me atrapalhando quando fizesse força para o parto. Assim, acabei me desconcentrando na minha respiração e comecei a sentir uma dor tremenda na lombar durante o processo de expulsão. Minha médica chamou o anestesista, que se aproximou de mim e disse bem baixinho que eu era muito forte e que não precisava ter medo. Após a anestesia, senti que as dores diminuíram e voltei ao meu estado de equilíbrio. Foi com essa paz interior retomada que trouxe Antonella ao mundo.

O parto durou ao todo 57 minutos. Assim que meu bebê nasceu, às 9h57 do dia 3 de março de 2015, pedi à médica que o entregasse para mim. Mal podia esperar para revelar seu sexo para meu marido. Quando disse que era uma menina, todos ficaram muito emocionados. Amilcare tinha a certeza de que teria um garoto, mas ficou absolutamente feliz com nossa nova anjinha. Pedi a ele que esperasse um pouco para cortar o cordão umbilical, pois Antonella chorava muito e queria deixá-la grudadinha comigo. Minha pequena foi se acalmando conforme conversava com ela, como se reconhecesse minha voz. Foi um momento cheio de emoção e gratidão a Deus por nos dar tamanho presente outra vez. Antonella nasceu com 3,630 quilos e 49,5 centímetros e veio para

a nossa vida ao som da canção "Le Ciel Dans Une Chambre" (o céu em uma sala), de Carla Bruni, que traz os seguintes versos:

Quando você está perto de mim
Esta sala não tem paredes
Mas sim árvores, árvores infinitas

Alice não presenciou o parto, mas esteve presente a todo momento em minha mente. Quando ela visitou a maternidade naquela tarde, pedi que visse Antonella. Olhei minha anjinha mais velha nos olhos e disse que aquela era sua nova companheira de brincadeiras por toda a vida. E desse momento, jamais me esquecerei.

DICAS DA DANI

- Quando ainda estiver carregando o bebê no ventre, faça um passeio pelo quarto da criança. Converse com seu neném enquanto apresenta os detalhes de seu cantinho, como o berço onde irá dormir e as roupinhas que usará pelos próximos meses. Você não só se sentirá em sintonia com o bebê como fará com que ele se sinta bem-vindo. Aproveite o momento e chame a família para uma foto, incluindo os bichinhos de estimação. Sua criança olhará essa imagem no futuro e terá a certeza de que era esperada com muito amor;

- Deixe as lembrancinhas prontas com antecedência e prepare um cartãozinho de boas-vindas para as pessoas que a visitarem na maternidade. Se você estiver planejando ter um parto normal, deixe o espaço da data de nascimento em branco;

- Está com vontade de fazer um ensaio fotográfico pré-parto? Se joga, lindona! É um momento de paixão plena com a gravidez, e sua beleza deve transbordar nas fotos. No dia do ensaio, ouça músicas que elevam o seu astral e não tenha vergonha de exibir aquele barrigão maravilhoso. Isso ajuda até mesmo a aliviar a ansiedade, sabia?;

- Acho muito importante reservar um tempo para dormir nos dias que antecederem o parto. Como trabalhei de segunda a sexta e tive Alice em um fim de semana, me senti bastante cansada. Se pudesse voltar no tempo, ficaria em casa guardando energia para a hora do parto;

- Curtir uma praia no fim de semana? Nada disso, mocinha! Você deve evitar viagens na reta final, focando seus esforços no treino das técnicas de respiração para o parto;

- Uma dica que sempre dou para as gravidinhas é fazer uma lista das pessoas mais íntimas que você deseja receber na maternidade, bem como deixar alguém de confiança avisar sobre o nascimento. Nesse momento logo depois do parto, você precisa descansar e estreitar os laços com o bebê, portanto não é hora de se estressar com ligações ou parentes inconvenientes. Pronto, falei mesmo!

Amamentação

Quando me vi diante do desafio da amamentação, confesso que fiquei fascinada e assustada ao mesmo tempo. Me senti como uma criança que aguarda a chegada do Papai Noel. Mesmo esperando o momento por tantos meses, tive um friozinho na barriga. Meus seios mais pareciam duas bolas de capotão. No começo, sentia muitas dores e não conseguia sequer dormir de lado. Costumo até mesmo brincar que a dor do parto normal é fichinha perto da amamentação. Afinal, o sofrimento de dar à luz termina em questão de horas, enquanto o sofrimento com as fissuras no bico do peito dura pelo menos os quinze dias iniciais de aleitamento. Apesar de tudo, o prazer de alimentar minhas filhas e vê-las ganhando peso foi maior do que qualquer transtorno. Ser mãe é, de fato, padecer no paraíso.

É primordial que o bebê seja bem amamentado. Se isso não acontece, ele perde muito peso, especialmente no primeiro mês. Portanto, mesmo que o bebê esteja num soninho profundo, você deve acordá-lo para o aleitamento. No meu caso, segui uma rotina de mamadas a cada três horas durante os primeiros três meses, e essa disciplina foi fundamental para desenvolver segurança nas crianças. Nas madrugadas, evitava acordar meu marido para me ajudar. Queria deixá-lo dormir bem, porque no outro dia ele precisava trabalhar. Também poupava minha ajudante, Cris, pois queria vê-la bem descansada na manhã seguinte para me ajudar com ambas as meninas. Após este período inicial, passei a espaçar mais as

amamentações. Lembro que dava de mamar às seis horas da tarde, depois às dez da noite e, por fim, somente no dia seguinte às seis da manhã. Nos dias em que não podia estar presente, estocava o leite para as meninas, retirando-o do peito com uma máquina da marca Medela, que gostei a ponto de emprestar para duas amigas. O aparelho não machucava os seios, era muito confortável e facilitava minha vida na hora de sair para trabalhar por longas horas. Depois de tirar o leite, logo ia para a ginástica; aproveitava cada tempinho de soneca das minhas filhas para me cuidar, alimentar-me bem e tomar aquele banho caprichado.

Esse aparelho também era fundamental quando sentia que minha produção de leite diminuía. Sempre que possível, chegava até mesmo a estocar leite. Colocava-o para congelar e, na hora de usar, aquecia na água morninha. Às vezes eu entrava em crise achando que não estava produzindo leite o suficiente e que acabaria recorrendo ao leite em pó. Era um verdadeiro pânico para mim. Bastava ir ao pediatra, porém, para que este fantasma parasse de me assombrar. Tanto com Alice como com Antonella, o comentário era sempre o mesmo: "Nossa, como ela está fortinha! Continua assim, só com o leite materno". Ele sempre me falava que o mais importante era a fralda do bebê estar com bastante xixi na troca. Se estiver sempre com urina, é porque a criança está sendo bem alimentada.

> **ESSE APARELHO TAMBÉM ERA FUNDAMENTAL QUANDO SENTIA QUE MINHA PRODUÇÃO DE LEITE DIMINUÍA. SEMPRE QUE POSSÍVEL, CHEGAVA ATÉ MESMO A ESTOCAR LEITE.**

Quando ainda estava no hospital, lembro que a enfermeira fazia compressas em meus peitos com uma toalha geladinha. Ela a enrolava em volta dos meus seios e fazia massagens para que o leite saísse. Aquilo me aliviava na hora. Já antes de amamentar, eu esvaziava um pouco o peito, pois com as mamas cheias, o bico ficava esticado e as meninas não conseguiam abocanhar. Quando a criança começa a mamar, sua sucção é bem precisa e esvazia rapidamente os seios, fazendo com que você se sinta mais leve.

Cada mamada podia durar de cinco a quarenta minutos. No começo, era preciso rigor com o tempo da amamentação, mas para isso contei com a ajuda de um aplicativo de celular. E já que o assunto é rigor, é importante conversarmos também sobre a alimentação da mamãe. Na própria maternidade, as enfermeiras nos dão as instruções sobre como alimentar-se corretamente, pois tudo o que ingerimos vai para o leite. Evite comer alimentos que fermentam no estômago, pois o neném pode sentir uma piora nas cólicas. Eu, como cria do interior, comia muita canjica. Tomava também cerveja preta sem álcool, e vez ou outra beliscava uma rapadura depois do almoço para ajudar no sono de beleza. Além disto, também estava sempre comendo sopas variadas para aumentar a produção de leite, que também se beneficia do consumo de proteínas e da ingestão de líquidos.

Sempre usei uma espécie de lençol aquecido para me ajudar no processo de amamentação e evitar desconfortos no bebê. Minhas estratégias, porém, eram vistas vez ou outra com desconfiança. Certa vez, fiquei brava com uma amiga minha por conta dos "pitacos". Ela disse: "A sua filha vai acabar tendo a maior cólica", enquanto eu balançava a cabeça negativamente. Minhas filhas nunca tiveram cólicas fortes, tampouco me faziam passar noites em claro. Apenas quando sentia que elas teriam gases por mamarem muito rápido, preparava um banho bem quentinho e colocava as roupas delas debaixo de um lençol aquecido, destes que a gente encontra nas macas das salas de massagens (é só colocar o lençol no micro-ondas para esquentar e esperar que ele esfrie um pouco antes de usar). Quando minhas amigas me ligavam desesperadas perguntando o que fazer para os bebês pararem de chorar por conta de gases ou cólicas, dizia para elas seguirem esta dica do lençol e o problema se resolvia na hora.

"Onde ela aprendeu tudo isso?", você se pergunta. Em lugar nenhum! Intuição de mãe. Eu pensava que, uma vez que a barriguinha estivesse aquecida, o bebê não sentiria dor. E é verdade; muitas mães usam a técnica de encostar a barriga da criança na sua própria, pois esse quentinho relaxa a cólica do pequeno. No entanto, quando o bebê está desesperado a mulher não consegue mantê-lo na posição, o que torna a técnica do lençol quente extraordinária.

Quando terminava o banho, fazia nas minhas meninas a massagem indiana Shantala com óleos relaxantes. Deixava-as de bruços e fazia massagens nas costinhas. Então, colocava as meninas de barriga para cima e fazia várias vezes bicicletinha com as perninhas. Se tinham gases, soltavam na hora. Assim, nunca precisei recorrer a medicamentos. Depois da massagem, vestia minhas anjinhas e as colocava no berço com o lençol aquecido. Elas logo caíam em um sono profundo e só acordavam para sua dose de leite materno, que também as impedia de irem ao hospital por conta de resfriados ou gripes. Viu como a amamentação é fundamental?

Quanto à questão do pudor, nunca sofri com isso; amamentava em qualquer lugar. Na hora do aleitamento, esteja em paz consigo, pois sua tranquilidade faz com que a criança confie em você. Alice e Antonella me ensinaram muito neste sentido. Portanto, não se esqueça: mamães seguras, bebês seguros.

DICAS DA DANI

- Quando amamentava minhas filhas, elas sentiam muito sono. Adotei, então, a seguinte estratégia: interrompia o processo no meio da mamada para fazer a troca da fralda, pois assim a bebê despertava para o outro peito;

- Eu sei, lindona: a gente sofre muito com fissuras no bico dos seios nesta fase. O uso de pomadas é essencial, mas você também pode acelerar a cicatrização com outras medidas, como deixar o sol bater no bico do peito. Se o tempo estiver frio, use uma lanterna. Ah, e é claro: poupe este seio por algum tempo antes de voltar a usá-lo na aleitação;

- Sempre passe um algodão com soro fisiológico para limpar os bicos dos seios antes e depois de cada mamada. Isto garante uma proteção maior para você e seu bebê;

- Muitas vezes o cansaço pode fazer com que sua produção de leite diminua, mas não fique preocupada. Você pode estocar leite quando a produção estiver alta para usar nesses momentos de sufoco;

- Enquanto amamentava minhas bebês, o outro peito costumava esguichar leite e manchar minhas roupas. Para acabar com este problema, comecei a usar uma concha para seios.

Papo de Especialista

O OLHAR DA OBSTETRA

Dra. Cristina Miti Nishimura*

PREPARAÇÃO PARA A GRAVIDEZ

Quando uma mulher planeja sua gestação, o ideal é que comece a tomar ácido fólico três meses antes de engravidar, pois este medicamento previne a má-formação do tubo neural do feto e diminui o risco de obesidade infantil, entre vários outros benefícios. Além disso, a partir da 12ª semana, é recomendável começar a tomar um polivitamínico, pois como o bebê retira os nutrientes da mãe para se desenvolver é necessário que ela reponha componentes como o cálcio e o ferro.

DE OLHO NA CANDIDÍASE

Os hormônios, a umidade e a imunidade baixa favorecem a proliferação dos fungos causadores da candidíase. Dani fez uso de creme vaginal durante o primeiro mês de ambas as gestações para tratar da

---

* Médica ginecologista e obstetra com Mestrado pela Faculdade de Medicina da Santa Casa de São Paulo.

doença, mas outras medidas também devem ser adotadas, como o uso de sabonetes neutros, roupas mais largas e calcinhas 100% algodão, pois tecidos sintéticos favorecem alergias. Outro hábito que deve ser evitado é o uso de absorvente diário, pois prejudicam a ventilação.

A IMPORTÂNCIA DAS ATIVIDADES FÍSICAS

Sempre encorajo a paciente a praticar atividades físicas do início ao fim da gestação, pois elas são fundamentais para sua qualidade de vida. Durante a gravidez, com o aumento do volume abdominal, ocorre uma alteração no equilíbrio da mulher que força a coluna. Assim, o exercício físico ajuda na melhora de sua postura. Outro benefício está ligado ao peso; quando você pratica atividades físicas, atingir o seu peso ideal após o parto se torna mais fácil. Essas atividades ainda possibilitam a diminuição de dores e inchaços, bem como melhoram a qualidade do sono e o funcionamento do intestino. Para quem deseja realizar parto normal, os exercícios são fundamentais para o fortalecimento da musculatura do abdômen e do períneo.

Para a contração muscular, procure fazer atividades físicas na água, bem como pilates e ioga. Elas ajudam a fortalecer a musculatura do assoalho pélvico para a prevenção da incontinência urinária, além de aprimorar nossa consciência corporal e nossa capacidade de respiração. O acompanhamento de um fisioterapeuta também é interessante. Ele pode indicar exercícios com o epi-no, por exemplo. Quanto à musculação, se a mulher já era praticante antes da gravidez, deve continuar seu treinamento tomando os devidos cuidados. Caso queira começar após se descobrir gestante, é importante realizar antes um ultrassom para verificar a situação da criança. Se estiver tudo bem, a mulher pode começar com vinte minutos de treino e chegar até os quarenta minutos. O alongamento, por fim, também exerce um papel importante, pois diminui a dor lombar e melhora a flexibilidade da grávida nos primeiros meses.

SOBRE O ABORTO ESPONTÂNEO

O aborto espontâneo é uma realidade mais comum do que se imagina, ocorrendo em torno de 20% do total de gestações. Esse tipo de aborto representa a correção de um erro da natureza; quando o esper-

DANI E ELAS

matozoide e o óvulo se juntam, o processo pode gerar algum defeito. Assim, o próprio organismo se incumbe de eliminar o embrião.

SEXO E GRAVIDEZ

Sexo na gravidez normalmente é considerado seguro e saudável, e a interrupção da prática sexual só será recomendada quando existir algum risco clínico para a gestante e o bebê. Existem poucos indícios relacionando a prática sexual no último trimestre da gravidez ao parto prematuro, mas ainda assim é importante conversar com sua obstetra para saber se o seu caso é seguro. Em relação ao sexo no pós-parto, recomenda-se abstinência por quarenta dias, mas também deve-se levar em consideração o conforto da mulher.

UMA BEXIGA PARA LÁ DE ATIVA

A vontade da grávida de ir toda hora ao banheiro é perfeitamente compreensível. A bexiga se localiza logo à frente do útero. Quando este aumenta de tamanho por conta da gestação, acaba comprimindo a bexiga, fazendo com que ela se encha mais rápido e deixe as mulheres constantemente apertadas.

UM EXAME COMPLETO

Apesar do nome esquisito, o ultrassom morfológico é um exame querido pelas gestantes por mostrar o perfil do bebê, bem como seus rins, intestino, coração, cérebro, olhos e dedinhos. Durante o primeiro trimestre, o exame é realizado entre a 11ª e a 14ª semanas para medir a translucência nucal e detectar risco de má-formação e síndromes como a Síndrome de Down. No segundo trimestre, o exame é feito normalmente entre a 18ª e a 22ª semanas. Nesse caso, ele é mais completo pois todos os órgãos já estão completamente formados e o médico pode examinar um por um.

CIRCULAÇÃO EM CHEQUE

Conforme o volume do útero aumenta, existe maior dificuldade do retorno venoso dos membros inferiores, facilitando o inchaço, as varizes e as hemorroidas. Para aliviar esse problema, faça uso de meias elásticas e pratique hidroginástica, uma atividade de grande ajuda para a melhora da circulação por todo o corpo.

PREVENÇÃO DAS MANCHAS

Protetor solar não é futilidade. As grávidas tendem a ficar com a pele muito manchada, e por isso o uso do protetor é necessário desde o início da gestação.

RESTRIÇÕES ALIMENTARES

Durante a gravidez, o álcool e o cigarro devem passar longe. A gestante também deve maneirar no café e fugir das comidas cruas.

SENSÍVEL DEMAIS

Nos três primeiros meses de gestação, os hormônios deixam a mulher extremamente sensível. Basta um olhar torto do marido para que comece a choradeira. Logo, é importante que seu companheiro saiba que tais reações são naturais à sua atual condição para que ele não leve tudo "a ferro e fogo".

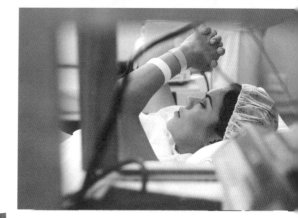

SOBRE A DIABETES GESTACIONAL

Mesmo com uma dieta equilibrada, algumas grávidas estão sujeitas à diabetes gestacional. No caso da Dani, foi preciso apenas ajustar um pouco a alimentação, mas as gestantes sedentárias podem ficar à mercê da insulina. Quando a doença não é tratada, a criança pode ter atraso no amadurecimento dos pulmões. É essencial, portanto, realizar o diagnóstico precoce e tomar todas as providências para o bem-estar da mãe e do bebê.

AQUELA DOR NAS COSTAS

O que faz a gestante caminhar com os pés afastados, andando feito um ganso, é a mudança do seu centro de gravidade. Conforme o bebê cresce, a grávida pode também sofrer uma piora na lordose, a curvatura das costas, que se torna dolorida quando acentuada. Para corrigir a postura e aliviar o problema, faça alongamentos, pratique pilates e relaxe sua musculatura. Tente evitar o uso do salto alto e das rasteirinhas e recorra a modelos Anabela ou com uma ligeira elevação na base.

A RELEVÂNCIA DO COLOSTRO

O colostro é uma substância que antecede a produção de leite por parte da mãe e é essencial para a imunidade da criança, agindo como uma vacina. Ao alimentar seu filho com o colostro nos primeiros 3 a 5 dias após o parto, você oferece nutrientes valiosos para sua proteção.

INTESTINO À PROVA

Por conta dos hormônios, a gravidez afeta o movimento intestinal, fazendo com que a gestante vá menos ao banheiro e sinta dificuldades na evacuação. Para ajudar a aliviar esses sintomas, é fundamental incluir mais fibras na alimentação e tomar água constantemente.

ATENÇÃO À AORTA

Recomenda-se que as gestantes deitem sempre do lado esquerdo, pois essa posição vai facilitar a circulação sanguínea da mãe para o bebê.

CONTRAÇÕES À TODA

Por volta de quinze dias antes do parto, a mãe perde o tampão mucoso que a protege contra infecções e bactérias no colo do útero. A partir daí, ocorre o momento em que o neném encaixa a cabecinha na bacia da mãe. As contrações ficam mais rítmicas nesta época, mas é preciso ficar atenta para não confundir as de treinamento, conhecidas como Braxton-Hicks, com as de trabalho de parto. Estas se repetem de duas ou mais vezes em um intervalo de dez minutos, cada uma durando mais de vinte segundos.

SOBRE O PARTO NORMAL

O parto normal da primeira gestação dura uma média de oito a doze horas; já a da segunda, de seis a oito horas. Se a mulher não estiver em uma gravidez de alto risco, o parto normal é a melhor opção a partir da 38 a semana. Para esse procedimento, o médico deve estar disponível prontamente, pois a mulher pode entrar em trabalho de parto a qualquer dia e hora. Hoje em dia, um dos principais medos da gestante é a dor do parto. Mas já existem recursos para amenizar essa dor.

A analgesia, como chamamos, bloqueia a dor sem comprometer os movimentos. Desse modo, a grávida pode colaborar no processo com sua força sem que haja sofrimento. A Dani, neste sentido, é uma grande referência. O parto normal é mais fácil quando existe confiança entre a gestante e a obstetra.

LAÇOS DE FAMÍLIA

Quando a criança nasce, estabelece-se rapidamente o contato entre o bebê e o peito da mãe. Isto não só é importante para o processo de amamentação como também para fortalecer desde cedo a ligação afetiva, tornando a experiência do nascimento muito mais humanizada.

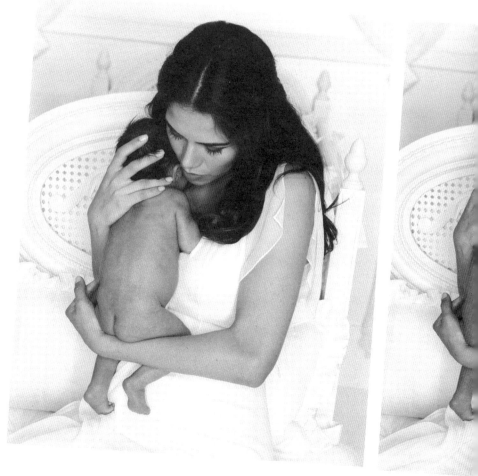

DICAS DE ALIMENTAÇÃO PARA AS MÃES

Dra. Claudia Marin

Minha história com a Dani teve início em fevereiro de 2011. Na época, ela e seu marido pediram minha orientação na busca pela alimentação saudável e o peso ideal. Fui muito bem recebida na RedeTV! e fiquei impressionada com a simplicidade dos dois e, principalmente, com a cumplicidade e o carinho entre eles. Foi então que procurei entender bem os objetivos de cada um, desenvolvendo uma dieta personalizada para suas diferentes rotinas e preferências.

Tenho uma linha de trabalho um pouco diferente da maioria dos nutricionistas; analiso de maneira aprofundada os estudos científicos atuais sobre metabolismo, nutrigenômica e epigenômica e, de acordo com o perfil do paciente, sugiro o modelo que a meu ver terá maior adesão e resultados. Dani se adaptou tão bem às minhas orientações que delegou a mim a tarefa de fazer seu acompanhamento nutricional durante as gestações da Alice e da Antonella.

Durante a gravidez, o corpo da mulher requer uma quantidade extra de energia para o desenvolvimento e a manutenção do feto e da placenta, bem como para formar novos tecidos, armazenar gordura e dar conta da maior carga de trabalho metabólico. Isso, porém, não tem nada a ver com aquela velha história de "comer por dois", que resulta em ganho de peso excessivo. Sob a dieta que indico, há um aumento na ingestão de proteínas durante as primeiras 24 semanas para a promoção da energia, além de um acréscimo de 300 calorias acima do valor calórico total da gestante no segundo trimestre. Apesar de parecer pequeno, esse adicional de calorias confere a quantidade de energia extra essencial para suportar o crescimento do feto e permite à gestante obter um ganho de peso adequado, que deve ser de 9 a 11 quilos, segundo a Academia Nacional de Ciência/Instituto de Medicina.

Nas próximas páginas, apresento os cardápios sugeridos para a alimentação da Dani durante a gravidez. "Sugeridos" é, inclusive, a palavra-chave neste caso; lembremos que cada mulher e cada gravidez têm suas próprias características e necessidades, portanto esses cardápios devem ser vistos como conselhos em lugar de regras de alimentação. Siga sempre as recomendações do seu médico.

SUGESTÃO DE DIETA GESTACIONAL

Desjejum
Suco detox ou suco de fruta com couve + 1 medida de Whey Protein About Time sabor baunilha

SUCO DETOX

Ingredientes:
1 folha de couve;
1 cenoura pequena e fina;
1 punhado (mão-cheia) de salsa;
1 punhado (mão-cheia) de hortelã;
1 talho de aipo sem folhas;
1 maçã sem casca e sem miolo.

Modo de fazer:
Lave bem os ingredientes e bata todos no liquidificador. Tome logo em seguida.

Café da manhã

Carboidrato + lácteo + fruta ou suco de fruta

Carboidratos recomendados: pão integral caseiro, tapioca, panqueca integral com farinha de aveia e farelos (granola, muesli, mix de farelos, flocos de aveia, flocos de quinoa e amaranto);

Lácteos recomendados: cottage, coalhada, iogurte desnatado, leite sem lactose, queijo minas frescal light, muçarela de búfala, ricota, tofu, Toddynho Fit, Polenguinho Light.

Cardápio semanal

Segunda-feira:	pão integral gratinado com queijo cottage, tomate e orégano;
Terça-feira:	pão integral torrado com azeite e alecrim e vitamina de leite desnatado com banana;
Quarta-feira:	panqueca integral de farinha de aveia recheada com queijo cottage e maçã cozida ou queijo minas magro com geleia, muçarela de búfala e peito de peru;
Quinta-feira:	mingau de aveia ou quinoa com frutas e castanhas;
Sexta-feira:	misto-quente integral com queijo magro, peito de peru e tomate;
Sábado:	*croque-monsieur* e salada de frutas com castanhas;
Domingo:	tapioca doce ou salgada com queijo minas magro e geleia ou tomate e orégano.

Lanche da manhã

Fruta + farelos

Sugestões de preparo:
Uma colher (sobremesa) de farelos na fruta ou suco;
Suco de frutas sem leite + barrinha de gergelim;
Fruta desidratada (damasco, uva, banana-passa, pera, maçã ou abacaxi) com mix de castanhas (8 unidades de amêndoas ou castanhas de caju e 3 unidades de castanha-do-pará ou de nozes);
Salada de frutas com castanhas e farelos.

Almoço

Salada variada + verdura cozida + legume variado + carboidrato + proteína

Sugestões de preparo:

Salada crua de rúcula, alface, agrião, radicchio, rabanete e tomate à vontade. Temperar com azeite, limão, mostarda, vinagre e um pouco de sal. Usar semente de girassol ou gergelim torrado;

Arroz integral com cevadinha ou quinoa em grãos (1 colher; servir ¼ do prato) + leguminosas como feijões, grão-de-bico, lentilha e ervilha (½ concha; pode ser em forma de sopa ou cremes);

Massas integrais com molho de tomate caseiro, azeite ou pesto (70 a 80 gramas do peso cru, ou 1 xícara do peso cru; servir ¼ do prato). Evitar massas recheadas, molho branco e quatro queijos;

Sopas, cremes e carboidratos integrais e complexos, como mandioca, mandioquinha, inhame, cenoura, cará, batata e batata-doce (escolher apenas 1 carboidrato; servir ¼ do prato);

Vegetais como abobrinha, berinjela, brócolis ou azeitona. Dar ênfase aos de cor verde-escura, como espinafre, couve, brócolis, escarola, couve-de-bruxelas, mostarda, chicória e couve-flor (escolher apenas 1 por refeição e preparar preferencialmente no vapor; servir ¼ do prato);

Salada crua de rúcula, alface, agrião, radicchio, rabanete e tomate à vontade. Temperar com azeite, limão, mostarda, vinagre e um pouco de sal. Usar semente de girassol ou gergelim torrado.

Observação: Nunca sirva derivados lácteos com alimentos ricos em ferro. Exemplo: queijo de cabra com salada ou muçarela de búfala com arroz e feijão.

Lanche da tarde

Fruta + lácteo

Sugestões de preparo:
Crumble de frutas;
Iogurte batido com fruta;
Frutas cozidas com castanhas;
Doce de leite com queijo minas ou frutas vermelhas;
Sorvete ou sorbet de frutas Diletto.

Jantar

Carboidrato tubérculo + proteína + legume variado + salada

Sugestões de preparo:

Carboidrato tubérculo: mandioca, mandioquinha, inhame, cenoura, cará, batata e batata doce;

Proteína: carne magra assada, cozida ou grelhada. Se o preparo estiver gorduroso, pingue limão;

Carne bovina: 100 a 110 gramas no peso cru; 1 medalhão (palma da mão) ou 1 bife fino (tamanho da mão);

Aves (Korin): 130 a 150 gramas no peso cru; 2 filés pequenos ou 1 pedaço de coxa ou sobrecoxa;

Peixes: 150 a 180 gramas; 2 filés pequenos ou 1 posta;

Ovos: 3 claras e 1 gema;

Vegetais: abobrinha, berinjela, brócolis ou azeitona. Dar ênfase aos de cor verde-escura, como espinafre, couve, brócolis, escarola, couve-de-bruxelas, mostarda, chicória e couve-flor (escolher uma opção por refeição e preparar preferencialmente no vapor; servir ¼ do prato);

Salada crua: rúcula, alface, agrião, radicchio, rabanete e tomate à vontade. Temperar com azeite, limão, mostarda, vinagre e um pouco de sal. Finalizar com semente de girassol ou gergelim torrado.

Ceia

1 medida de Whey Protein batida com água e fruta.

Em função de algumas mudanças fisiológicas, podem acontecer alguns imprevistos durante a gravidez, como a diabetes gestacional que acometeu Dani. Esta condição temporária se dá pela elevação de hormônios contrarreguladores da insulina, pelo estresse fisiológico imposto pela gravidez e por fatores predeterminantes (genéticos ou ambientais). Se não tratada, faz com que o bebê tenha aumento de peso e sofra maiores riscos ao nascer. Assim, readaptamos a dieta da Dani, aumentando o teor de fibras e diminuindo o índice glicêmico dos alimentos. O resultado foi uma gestação tranquila e controlada em que Dani ganhou exatamente os quilos previstos.

Quando Dani me avisou sobre sua segunda gestação, em 2014, considerei as condições da primeira na elaboração da nova dieta. Desta vez, minhas orientações se converteram numa dieta preventiva da diabetes gestacional com controle glicêmico e de anemia. Preparei, portanto, algumas dicas para quem se encontra num quadro similar de diabetes e também sugestões de cardápio que podem inspirar o seu dia a dia.

ORIENTAÇÕES NUTRICIONAIS EM CASO DE DIABETES GESTACIONAL

- Nunca iniciar a primeira refeição com líquidos para evitar desconforto, enjoo e azia;
- Não pular refeições: realizá-las sempre de duas em duas horas;
- Incluir uma colher (sopa) de fibras, como farelo de aveia, quinoa ou aveia em flocos, granola sem açúcar ou cereais integrais nas refeições com frutas;
- Associar derivados lácteos sem lactose (açúcar do leite) com frutas ou fibras nos pequenos lanches para atingir o consumo ideal de cálcio diário;
- Evitar o consumo excessivo de gordura considerada boa (castanhas, chocolates 70%, abacate e oleaginosas em geral) porque retarda o esvaziamento gástrico, provocando desconforto e azia;
- Evitar o consumo de bebidas alcóolicas, ainda que em pequenas quantidades, pois elas podem interferir no desenvolvimento do bebê;
- Evitar o consumo de doces, carboidratos simples e farinha branca.

SUGESTÃO DE DIETA GESTACIONAL

Desjejum

Fruta ou 4 colheres (sopa) de salada de fruta + 1 colher (sopa) de farelo de aveia, granola sem açúcar ou quinoa em flocos + 1 fio de calda de agave

Opções de frutas:

Abacaxi, 2 fatias;
Banana-prata, 1 unidade;
Mamão, ½ banda;
Manga, 3 colheres (sopa), picada;
Melancia, 1 fatia média;
Melão, 2 fatias médias;
Uva-passa, 1 colher (sopa);
Kiwi, 1 unidade;
Morango, 5 unidades;
Frutas vermelhas, ½ xícara;
Nectarina, 1 unidade;
Tangerina, 1 unidade;
Ameixa, 2 unidades.

Lanche da manhã

1 medida de Whey Protein Isofort Ultra ou ProtoWhey batido com 150 ml de água de coco + uma das opções abaixo

Tapioca com farelo de aveia + queijo cottage sem lactose Balkis com ½ tomate;
Panqueca de aveia dukan recheada com 1 colher (sopa) de tofu cream;
Duas fatias de pão dukan + 1 colher (sopa) de húmus;
Omelete de três claras ou 100 gramas de claras pasteurizadas Fleischmann + 1 colher (sopa) de aveia em flocos ou quinoa em flocos recheado com queijo prato sem lactose + ½ tomate com orégano;
Tapioca com farelo de aveia recheada de queijo minas sem lactose + orégano;

Panqueca proteica recheada com pasta de berinjela;
Omelete de 3 claras ou 100 gramas de claras pasteurizadas Fleischmann + 1 colher (sopa) de aveia ou quinoa em flocos + tofu cream.

Segundo lanche da manhã

Suco verde + 40 gramas de mix de castanhas sem sal (amêndoas, nozes, caju e pará)

Base do suco verde: 1 folha de couve + 1 punhado (mão-cheia) de salsa + 1 punhado (mão-cheia) de hortelã + 1 fatia fina de gengibre + ¼ de limão.

Variações:
½ beterraba + ½ cenoura;
½ xícara de frutas vermelhas;
½ cenoura + 1 maçã vermelha pequena;
1 maçã-verde;
1 fatia de abacaxi;
5 morangos;
½ cenoura + 5 acerolas.

Almoço

Salada verde com 1 colher (sopa) de azeite + legume variado + 150 gramas de proteína + verdura verde-escura cozida + carboidrato complexo integral + leguminosa

Sugestões de preparo:

Salada: 1 fundo temperado com 1 colher (sopa) de azeite balsâmico;
Peixes e carnes brancas, quatro vezes por semana; carne vermelha, três vezes por semana; fígado, uma vez por semana;
Verduras ou legumes no vapor ou branqueadas; servir ¼ do prato ou 3 colheres (sopa);
Carboidratos complexos integrais: arroz, quinoa, macarrão, batata-doce, batata-inglesa e mandioca.

Lanche da tarde

1 taça de gelatina diet com 1 colher de queijo cottage;
1 pote de iogurte sem lactose batido com gelatina diet;
1 taça de gelatina diet com fruta picada e castanha;
1 taça de gelatina de maracujá com maracujá fresco por cima;
Gelatina diet sabor variado batida com fruta.

Segundo lanche da tarde

Fruta + derivado lácteo sem lactose + fibra

Sugestões de preparo:
Iogurte com muesli + frutas vermelhas;
Banana picada com aveia + iogurte;
Smoothie de morango + barrinha biO2;
Parfait de frutas vermelhas e kiwi + barrinha Nature Crops;
Salada de frutas com granola e iogurte;
Banana + queijo prato sem lactose derretido;
Pepino + coalhada com granola salgada.

Lanche do fim de tarde

Uma medida de Whey Protein IsofortUltra ou ProtoWhey batido com ½ porção de fruta + 1 colher (sopa) de aveia

Jantar

Proteína + legume variado + salada

Sugestões de preparo:
Salada: 1 fundo temperado com 1 colher (sopa) de azeite balsâmico;
Peixes e carnes brancas, quatro vezes por semana; carne vermelha, três vezes por semana; fígado, uma vez por semana;
Verduras ou legumes no vapor ou branqueadas; servir ¼ do prato ou 3 colheres (sopa);
Quinoa: 4 colheres (sopa).

Ceia

Derivado lácteo magro sem lactose + fibra, mix de castanhas ou abacate

> Mingau de aveia;
> Iogurte com granola;
> Mix de castanhas;
> 4 colheres (sopa) de abacate com limão e xarope de agave.

Com duas gestações tão seguras e saudáveis, naturalmente Dani não abriria mão da dieta durante seus períodos de aleitamento. Ela tinha uma grande preocupação em amamentar, pois sabia que o leite materno era, indiscutivelmente, a melhor e mais adequada fonte de nutrientes, fatores de proteção e fortalecimento emocional para a bebê durante o seu primeiro ano de vida. Especialmente quando oferecido como alimento exclusivo até os seis meses de idade, o leite materno desempenha papel fundamental nas condições ideais de saúde da criança e da mãe, com repercussões favoráveis para toda a vida.

O organismo materno necessita da ingestão de, no mínimo, 500 calorias e de 15 a 20 gramas de proteína por dia, além de mais de 1 litro extra de líquidos. Logo, requer uma dieta balanceada e adequada que garanta a aquisição de todos os nutrientes necessários para a saúde da mulher e do bebê. Embora a dieta da mãe não afete a quantidade de proteína, gordura e carboidratos em seu leite, pode haver deficiência nas concentrações de alguns ácidos graxos, vitaminas e minerais de acordo com o tipo de alimentação ingerido pela lactante. Mulheres que consomem pequenas quantidades de carboidrato diariamente, por exemplo, podem apresentar sinais de fadiga, desidratação e perda energética durante o período de aleitamento. Há também uma série de tabus ou mitos relacionados à amamentação que podem trazer transtornos à mãe. Muitas pessoas têm como mito ingerir canjica, canja de galinha caipira e cerveja Malzbier sem álcool, mas o que vale de fato é a ingestão adequada de proteínas, carboidratos e gorduras, além de três litros de líquidos saudáveis. Esses fatores são os que garantem o volume e a qualidade do leite materno.

Para os períodos pós-parto da Dani, preparei uma dieta para a amamentação e recuperação do estado nutricional baseada no acompanhamento de estudos científicos. Além dos cardápios, a seguir apresento uma lista de alimentos a serem evitados e algumas dicas para estimular o aleitamento. Como disse em relação às dietas anteriores, os menus servem apenas como uma inspiração, não correspondendo às necessidades específicas de cada mulher, que devem ser avaliadas por um médico.

SUGESTÃO DE DIETA NO PERÍODO DE AMAMENTAÇÃO

Desjejum
Tomar suco detox antes de amamentar.

Café da manhã
Porção de lácteo + proteína + fruta + chá da mamãe Weleda.

Lanche da manhã
Tomar shake com 1 medida de Whey Protein + 150 ml de Ades Zero antes de amamentar.

Almoço
Salada verde variada + verdura cozida + legume variado + leguminosa + proteína

Salada crua: rúcula, alface (baby, crespa, americana, roxa), agrião, radicchio, rabanete e tomate à vontade. Temperar com 2 colheres (sopa) de molho de salada, composto de azeite, limão, mostarda, vinagre balsâmico, mel e um pouco de sal. Pode-se adicionar ½ porção de fruta na salada;
Verdura cozida: brócolis, espinafre, escarola, repolho roxo, mostarda, aspargos ou alcachofra;
Legumes: 2 colheres (sopa);
Leguminosas: ½ concha de feijão, grão-de-bico, lentilha, ervilha ou soja;
Proteína: carne magra assada, cozida ou grelhada. Se o preparo estiver gorduroso, pingue limão;

DANI E ELAS

Carne bovina: 150 gramas no peso cru; 1 medalhão (palma da mão) ou 1 bife fino (tamanho da mão);
Aves (Korin): 150 gramas no peso cru; 2 filés pequenos ou 1 pedaço de coxa ou sobrecoxa;
Peixes: 150 gramas; 2 filés pequenos ou 1 posta;
Ovos: 2 claras e 1 gema.

Cardápio semanal

Segunda-feira: Escolher entre carne grelhada, assada, picadinho, carne de panela, estrogonofe com iogurte, espeto, carne moída, bolonhesa, hambúrguer e almôndega;
Caldo batido com abóbora e erva-doce;
Salada verde;
Purê de batata (usar leite sem lactose e não colocar manteiga);
Vagem.

Terça-feira: Escolher entre frango grelhado, assado, picadinho, estrogonofe com iogurte, espeto, hambúrguer, almôndega e panqueca de aveia com frango. Dar preferência ao peito, coxa e sobrecoxa;
Caldo batido de beterraba com toque de iogurte;
Salada verde;
Arroz cateto à grega;
Abobrinha.

Quarta-feira: Escolher entre peixe grelhado, assado, picadinho, ensopado e papelote;
Caldo batido de cenoura com um toque de gengibre;
Salada verde;
Mandioquinha refogada;
Aspargos assados.

Quinta-feira: Escolher entre fígado ou carne grelhada, assada, picadinho, carne de panela, estrogonofe com iogurte, espeto, carne moída, bolonhesa, hambúrguer e almôndega;
Caldo batido de abobrinha com pitada de alecrim;
Salada verde;
Macarrão integral ao sugo;
Mix de legumes refogados.

Sexta-Feira: Escolher entre ovo no forno, mexido, cozido, poché, suflê e omelete;
Caldo batido de aspargos;
Salada verde;
Risoto de quinoa e legumes.

Sábado: Escolher entre peixe grelhado, assado, picadinho, ensopado e papelote;
Caldo batido de espinafre;
Salada verde;
Mix de legumes ratatouille;
Cuscuz marroquino.

Domingo: Escolher entre carne grelhada, assada, picadinho, carne de panela, estrogonofe com iogurte, espeto, carne moída, bolonhesa, hambúrguer e almôndega;
Caldo batido de tomate;
Salada verde;
Mix de legumes.

Sobremesas: escolher entre frutas in natura, assadas, cozidas ou em forma de sorbet.

Receita de caldo de legumes (base para o preparo dos caldos)

Ingredientes
3 cebolas médias;
3 cenouras médias;
2 dentes de alho;
1 maço de cheiro-verde;
1½ xícara de talos de salsão picados;
4 folhas de louro.

Modo de preparo
Higienize todos os ingredientes. Descasque e pique as cebolas, as cenouras e os dentes de alho. Coloque todos os ingredientes para cozinhar em um caldeirão com 1,5 litro de água filtrada. Quando a água ferver, abaixe o fogo e cozinhe em panela tampada por 1 hora. Remova a espuma do caldo com a espumadeira, retire a panela do fogo e coe o caldo. Deixe esfriar e armazene na geladeira. Esta é a base para os caldos de vegetais. Na hora de fazer, cozinhe 2 colheres (sopa) de um vegetal à sua escolha e depois acrescente 300 ml do caldo e bata no liquidificador.

Cardápio semanal de sopas e cremes com carboidratos

Segunda-feira: creme de mandioquinha;
Terça-feira: creme de palmito ou pupunha;
Quarta-feira: sopa de legumes com macarrãozinho integral;
Quinta-feira: canja com arroz integral;
Sexta-feira: mandioca com carne desfiada;
Sábado: caldo verde;
Domingo: creme de abóbora com cenoura e croutons de pão integral.

Lanche da tarde

Tomar suco detox ou suco de fruta cítrica (framboesa, morango, amora, limão, maracujá ou abacaxi) com couve e gengibre antes de amamentar.

Segundo lanche da tarde

Tomar shake de uma medida de Whey Protein + fruta + 150 ml de água antes de amamentar.

Jantar

Sopa + salada verde mista + proteína

300 ml de caldo de legumes ou sopa creme;
1 prato cheio de salada verde com três tipos de vegetais com 2 colheres (chá) de tempero;
Prato principal + acompanhamento com 2 colheres (sopa) de legumes;
Sobremesa: gelatina diet ou ½ porção de fruta.

Ceia

Suco + gengibre, hortelã ou capim-santo.

Lista de alimentos a serem evitados para prevenir gases no bebê

Pimenta e molhos apimentados em geral;
Repolhos;
Couve-flor;
Brócolis;
Couve;
Couve-de-bruxelas;
Alho e cebola em excesso;
Milho;
Farinha branca;
Lactose, leite e derivados;
Batata-doce;
Rabanete;
Aipo;

Berinjela;
Germe de trigo;
Salsinha;
Hortelã;
Leguminosas como feijões, soja, lentilha, ervilha e grão-de-bico.
Dica de consumo: deixar de molho de um dia para o outro e dar preferência ao caldo.

Dicas de como estimular a produção de leite

Beber pelo menos 1 copo de água a cada hora;
Aumentar a ingestão de proteínas por refeição;
Manter-se bem alimentada;
Incitar a sucção do bebê;
Amamentar à noite e durante a madrugada;
Não complementar a amamentação;
Ignorar os mitos em torno da amamentação, como considerar o leite fraco.

COMO MONTAR O ENXOVAL

Priscila Goldenberg

Fazer o enxoval do bebê é um momento mágico na vida dos futuros papais que se preparam para a tão sonhada hora de conhecer o filho ao vivo e a cores. A tarefa é prazerosa, mas é preciso ter calma, disciplina e muita atenção para não comprar por impulso ou esquecer algum objeto importante.

A seguir, apresento uma lista de itens que recomendo baseada em minha experiência como mãe e consultora. Você encontrará a descrição e as quantidades sugeridas do que você precisa para compor o enxoval.

QUARTO
1 berço;
1 colchonete antirrefluxo;
1 cômoda;
1 trocador (se possível de modelo curvado, para dar mais segurança na troca das fraldas);
1 armário;
1 cama auxiliar;
1 cadeira de amamentação (se possível com apoio para os pés);
1 mesinha de apoio;
1 abajur;
1 garrafa de água para a mamãe;

4 lençóis com elástico;
2 protetores de colchão à prova d'água;
3 cobertores de berço (2 grossos e 1 mais fino);
3 mantas (linho, algodão ou bambu);
1 kit de cueiros;
1 kit de berço com laterais, saia do berço e edredom ou colcha;
2 capas para trocador de cômoda;
1 móbile para berço (musical ou só decorativo);
1 babá eletrônica;
Bichinhos de tecido ou pelúcia;
Quadros e letras decorativas.

PASSEIO

1 carrinho de bebê;
1 bebê-conforto com base para acoplar no automóvel (se o bebê-conforto escolhido não tiver apoio de cabeça e pescoço será necessário providenciar esse item à parte);
1 sacola do bebê com trocador portátil;
1 almofada ou lençol para carrinho;
1 espelho para o carro (para que o motorista veja o bebê);

1 par de cortinas de automóvel para proteger o bebê dos raios solares;
1 móbile para bebê-conforto e/ou carrinho;
1 rolo de saquinho de lixo com perfume para vedar o odor da fralda quando estiver fora de casa;
1 canguru ou sling.

HIGIENE, SAÚDE E SEGURANÇA
1 bandeja para apoiar sobre a cômoda;
1 garrafa térmica;
1 pote para algodão;
1 pote para cotonetes;
Pomada para prevenção de assaduras (potes e bisnagas);
Vários pacotes de lenços umedecidos hipoalergênicos;
1 kit de higiene com escova, pente, tesoura sem ponta, cortador de unhas e lixinhas;
1 termômetro (de testa ou de ouvido);
1 aspirador nasal;
1 dedeira para limpar e massagear a gengiva;
2 mordedores com gel e 2 de silicone;
Chupetas diversas, sendo 2 para recém--nascido, 4 para 0-6 meses e 4 para acima de 6 meses;
1 porta-chupetas;
2 prendedores de chupeta (preferiros modelos mais leves e delicados).
Muitas fraldas descartáveis ou de tecido. Um recém-nascido usa uma média de dez a treze fraldas por dia.

FARMÁCIA
Álcool 70% para cuidar da higienização do coto umbilical;
Gazes;
Algodão;
Cotonetes;
Bolsa para compressa (ajuda a diminuir as cólicas);
Remédio para cólicas;

Soro fisiológico para uso nasal;
Remédio para desconforto quando os dentinhos do bebê nascerem;
Álcool em gel.

HORA DO BANHO
1 banheira (de preferência alta, com pé e trocador);
Brinquedinhos para a banheira;
1 lixeira;
4 toalhas com capuz;
4 toalhas-fraldas;
12 paninhos de boca;
6 fraldinhas de ombro;
Xampu especial para bebê;
Sabonete líquido;
Higiapele;
Hidratante;
1 colônia sem álcool própria para bebê;
1 óleo de massagem para bebê;

REFEIÇÕES
6 mamadeiras (2 pequenas e 4 grandes);
6 bicos avulsos para as mamadeiras estágio 3 meses;
6 bicos avulsos para as mamadeiras estágio acima de 6 meses;
1 esterilizador para mamadeira (de micro-ondas ou elétrico);
1 rack para secar as mamadeiras;
1 escova para lavar mamadeiras;
1 escova para bicos e canudos dos copinhos;
1 potinho com divisórias para o leite em pó;
6 potinhos para guardar papinhas;
4 pratinhos (2 rasos e 2 fundos) para papinhas e frutinhas. Existem modelos bem modernos de silicone ou com ventosa, que grudam na mesa impedindo que o bebê jogue o prato no chão. Acredite, isso acontecerá várias vezes;

Copinhos de tomar água e suco — iniciar com 2 copinhos de treinamento (com alças para o bebê segurar) e depois mudar para estágios de 6 e 12 meses (2 unidades de cada);
12 colheres (6 com a concha menor e 6 mais fundas);
8 babadores (6 de tecido e 2 de plástico e/ou silicone);
1 processador de papinhas ou mixer;
1 cadeirão ou cadeirinha que amarra no próprio assento da cadeira ou na própria mesa se esta for de pedra, madeira ou fórmica.

ATIVIDADES
De dois a três brinquedinhos de pendurar no carrinho e na alça do bebê-conforto;
1 tapete de atividades para ajudar na coordenação motora do bebê;
1 cadeirinha musical que balança e/ou vibra.

PRODUTOS PARA A MAMÃE
Uma bomba para tirar leite, de preferência elétrica;
Pomada à base de lanolina para o bico do peito durante o período de amamentação;
Bico de silicone ou concha de amamentação para proteger o mamilo caso haja fissura;
Vários protetores descartáveis de seio para proteger a roupa contra o vazamento do leite;
Cremes e óleos para prevenção de estrias;
Filtro solar para proteger a pele de manchas;
Sutiãs específicos para amamentação;
Roupas apropriadas para a gestante;
Camisolas e pijamas.

TAREFAS PARA O PAPAI
Dispor de uma boa câmera fotográfica, pois o momento do parto é único e precisa ser registrado;
Se certificar que os documentos dos pais estão separados e em ordem para fazer o registro do bebê no hospital, pois a mamãe estará se recuperando do pós-parto.

ROUPINHAS

A dica principal é não exagerar nas quantidades. Sei que as mamães ficam enlouquecidas com tantas roupinhas e acessórios lindos que existem hoje por aí, mas o bebê cresce muito rápido neste primeiro ano de vida e a numeração muda a cada três meses. Por isso, aproveite todos os presentes que o bebê ganhar e priorize o conforto da criança, preocupando-se também com roupas adequadas para as temperaturas da cidade em que mora.

Nos primeiros seis meses, as mamães devem preferir macacões com ou sem pezinho, body de mangas curtas e longas e calça de algodão, também com ou sem pezinho. Prefira sempre roupas de algodão e evite peças com zíper ou botões nas costas, pois o pescoço ainda é molinho e o zíper pode incomodar. A mesma regra vale para roupas com capuz, já que o bebê passa grande parte do dia dormindo.

Quando o bebê tiver entre 6 meses e 1 ano, você pode comprar para as meninas calças legging ou de sarja, blusinhas, batinhas, vestidos e shorts, além dos bodies, calças de algodão e macacões listados antes. Para os meninos, invista em calças de sarja ou moletom, camisetas, camisas polo, shorts e jardineiras, além das peças básicas citadas antes.

A partir de 1 ano, já vale tudo — desde que, é claro, acompanhe as características da criança, pois a mamãe já conhece bem o bebê e sabe o que fica melhor. Apenas evite roupas muito justas que limitam os movimentos na hora de brincar, principalmente calças jeans.

A
Aventura
está apenas começando

Chegamos ao fim do livro, mas não da jornada. Como mãe de duas anjinhas ainda tão pequenas, sei que há muito chão nesta estrada chamada maternidade. Trilhar este caminho tem sido uma experiência sem igual. Antigamente, pensava que ser mãe significava apenas educar e transmitir conhecimentos aos filhos. Hoje, com minhas meninas, aprendi que a maternidade é, sobretudo, uma troca; ao mesmo tempo em que damos, recebemos de nossos filhos ensinamentos que jamais aprenderíamos por conta própria.

Como qualquer outro caminho da vida, este também é feito de obstáculos. Estamos preparando seres humanos para enfrentar um mundo que nem sempre é receptivo. Nos dói pensar que nem sempre estaremos lá para protegê-los ou impedi-los de chorar, mas podemos olhar em seus olhos e garantir que sempre estaremos com eles aonde quer que vão, pedindo por sua proteção ou garantindo que sua dor terá fim por mais dura que pareça no momento.

Todo o sofrimento, porém, é compensando pelo dobro de alegria vivida, porque nossos filhos nos enchem de uma plenitude que nenhuma outra coisa é capaz de nos dar. Depois de tantas experiências de vida, ver minhas pequenas sorrirem, brincarem e serem felizes é o que mais faz minha vida valer a pena.

E assim vivemos, um dia por vez, lidando com as emoções e desafios da maternidade. Como pais-corujas, gostamos de pensar que tudo na vida delas se concretizará como imaginamos. Vemos Alice e Antonella crescidas, estudadas, viajadas. Mas a verdade é que do futuro nada sabemos ou temos controle, e só podemos fazer nosso melhor no presente para que a vida delas seja mais plena do que a nossa jamais foi.

Nas duas vezes em que dei à luz, prometi a mim mesma que cuidaria daquela nova vida até que a minha própria acabasse. Prometi que daria amor e devoção acima de tudo; essas são as duas únicas garantias que posso dar a Alice e Antonella. E por isso preciso ser forte para elas. Forte e acolhedora, como vó Donaria e seu pé de manga-espada.

TIPOGRAFIA	LUCIDA BRIGHT E BODONI
PAPEL DE MIOLO	AVENA 70 G/M²
PAPEL DE CAPA	CARTÃO 250G/M²
IMPRESSÃO	IMPRENSA DA FÉ